Alle Altersstufen

Rudi Lütgeharm

Inklusion im Sportunterricht

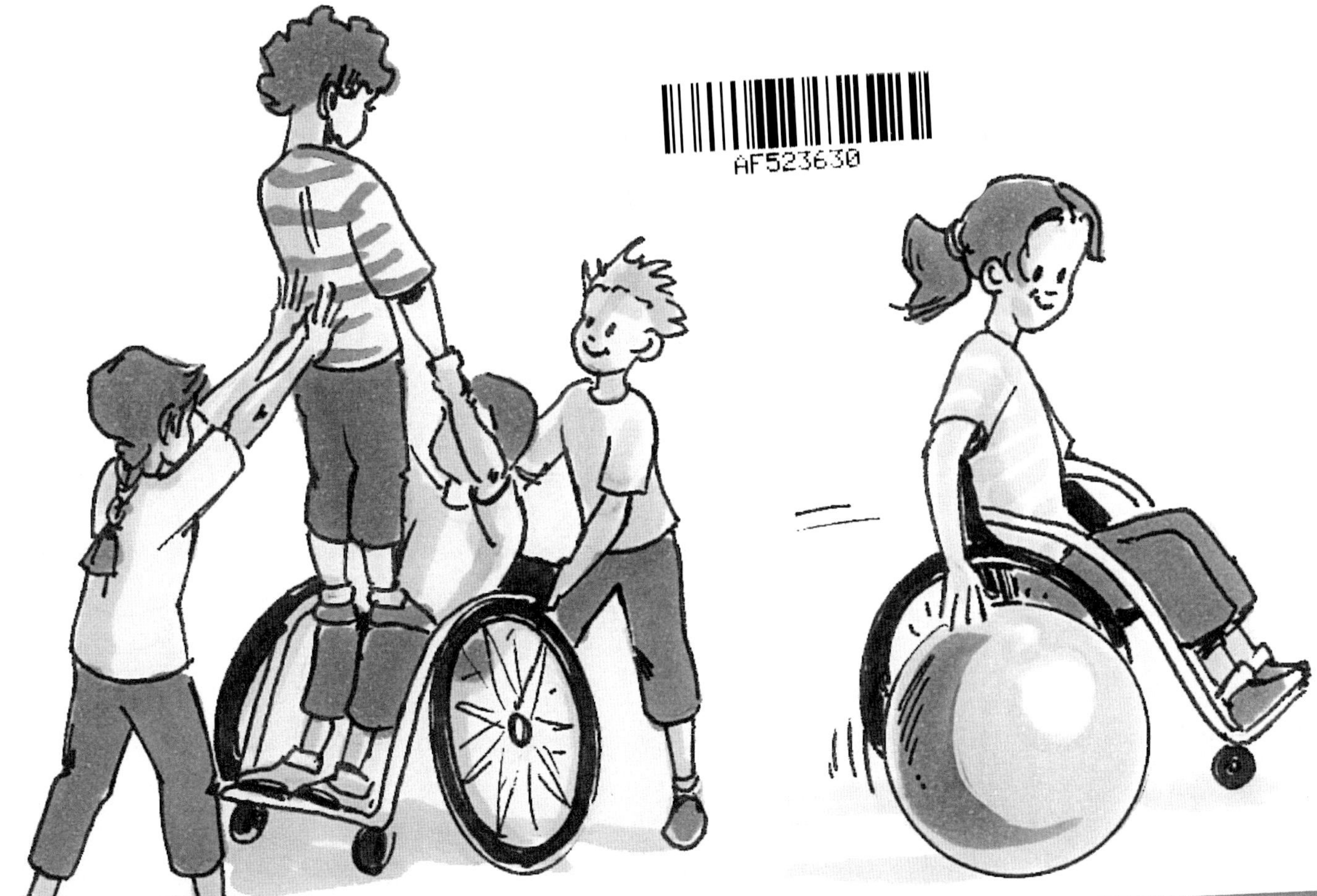

Anspruch und Möglichkeiten

- Heterogenität berücksichtigen
- Teilhabe ermöglichen
- Vielfalt umsetzen
- 10 Stundenbilder

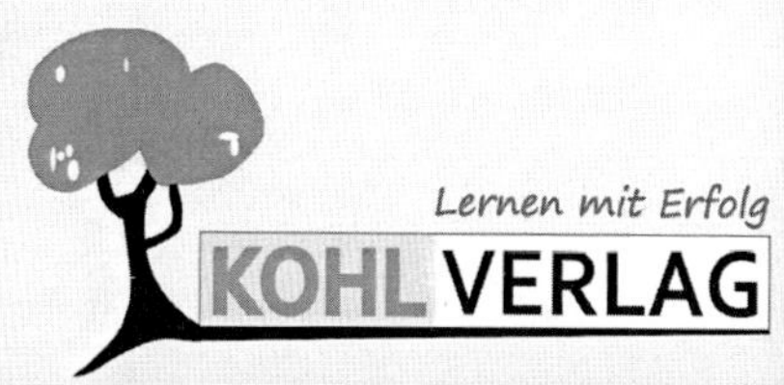

www.kohlverlag.de

Inklusion im Sportunterricht

Anspruch und Möglichkeiten

9. Auflage 2023

Inhalt: Rudi Lütgeharm
Illustrationen: Scott Krausen
Grafik & Satz: Kohl-Verlag
Redaktion: Kohl-Verlag
Druck: Druckerei Flock, Köln

Bestell-Nr. 11 308

ISBN: 978-3-86632-238-7

INHALT

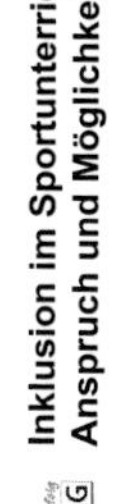

Übersicht über die Sportstunden

Kap.	Ziele	Thema/Bewegungs-angebot ... Spiel- und Übungsformen	Förderschwerpunkte
1	• Bewegungserfahrungen erweitern • Sich körperlich ausdrücken, Bewegungen gestalten • Kooperieren, wettkämpfen und sich verständigen	... mit Stäben	• Heben und Tragen • Kraftausdauer und Kräftigung der Schulter- und Armkraft • Anpassungs-, Rhythmus- und Orientierungsfähigkeit
2	• Wahrnehmungsfähigkeit verbessern und Bewegungserfahrungen erweitern • Etwas wagen und verantworten • Kooperieren, wettkämpfen und sich verständigen	... mit und an Kasten-teilen	• Gehen, Laufen, Balancieren, Heben und Tragen • Kraftausdauer und kräftigen der Hauptmuskelgruppen • Anpassungs-, Antizipations-, Orien-tierungs- und Gleichgewichtsfähigkeit
3	• Wahrnehmungsfähigkeit verbessern und Bewegungserfahrungen erweitern • Sich körperlich ausdrücken, Bewe-gungen gestalten • Kooperieren, wettkämpfen und sich verständigen	... mit und an Markie-rungskegeln	• Werfen, Fangen, Balancieren • Kraftausdauer und kräftigen der Hauptmuskelgruppen • Gleichgewichts-, Anpassungs-, Antizipations- und Orientierungs-fähigkeit
4	• Wahrnehmungsfähigkeit verbessern und Bewegungserfahrungen erweitern • Etwas wagen und verantworten • Kooperieren, wettkämpfen und sich verständigen.	... mit und an Turn-matten	• Heben, Tragen, Schaukeln • Allgemeine Ausdauer & Kraftausdauer • Orientierungs- und Anpassungsfähig-keit und Spielübersicht • Fahrgeschicklichkeit (Rollstuhlfahrer)
5	• Wahrnehmungsfähigkeit verbessern und Bewegungserfahrungen erweitern • Etwas wagen und verantworten • Sich körperlich ausdrücken, Bewe-gungen gestalten • Kooperieren und sich verständigen	... mit dem Partner und in der Gruppe akrobatische Grund-übungen	• Balancieren, Heben, Tragen, Stützen • Gleichgewichtsfähigkeit und Balance • Körperspannung und Kraftausdauer • Orientierungs- und Anpassungsfähig-keit
6	• Wahrnehmungsfähigkeit verbessern und Bewegungserfahrungen erweitern • Das Leisten erfahren, verstehen und einschätzen • Kooperieren und sich verständigen	... mit dem Rollbrett	• Sich abstoßen, Ziehen und Schieben • Fahrgeschicklichkeit (Rollbrett und Rollstuhl) • Allgemeine Ausdauer, Kraftausdauer und Körperspannung • Orientierungs- & Anpassungsfähigkeit
7	• Bewegungserfahrungen erweitern • Das Leisten erfahren, verstehen und einschätzen • Gesundheit fördern, Gesundheitsbe-wusstsein entwickeln	... mit dem Partner	• Ziehen, Steigen, Stützen • Maximalkraft, Kraftausdauer und Körperspannung • Gleichgewichts-, Orientierungs- und Anpassungsfähigkeit • Ziehen, Schieben, Steigen
8	• Wahrnehmungsfähigkeiten verbes-sern, Bewegungserfahrungen erwei-tern • Etwas wagen und verantworten • Das Leisten erfahren, verstehen und einschätzen	... an Turnbänken und Stützbarren	• Gehen, Balancieren, Stützen • Gleichgewicht halten und wieder herstellen • Gleichgewichts-, Orientierungs- und Anpassungsfähigkeit

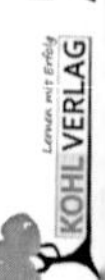

Übersicht über die Sportstunden

Kap.	Ziele	Thema/Bewegungs-angebot ... Spiel- und Übungsformen	Förderschwerpunkte
9	• Kooperieren, wettkämpfen und sich verständigen • Etwas wagen und verantworten • Das Leisten erfahren, verstehen und einschätzen	... kleine Spiele „spielen“	• Gehen, Laufen • Schnelligkeitsausdauer und allgemeine Ausdauer • Orientierungs- und Anpassungsfähigkeit
10	• Wahrnehmungsfähigkeiten verbessern, Bewegungserfahrungen erweitern • Etwas wagen und verantworten • Das Leisten erfahren, verstehen und einschätzen	... mit dem Schwungtuch	• Gehen, Laufen und Schwingen • Kraftausdauer und Geschicklichkeit • Orientierungs- und Anpassungsfähigkeit

Mein Dank gilt Frau Jutta Schlochtermeyer Schulleiterin der Fachschule Heilerziehungspflege und Berufsfachschule Pflegeassistenz des BBW Osnabrücker Land, die mich bei der Erstellung dieses Buches unterstützt und beraten hat.

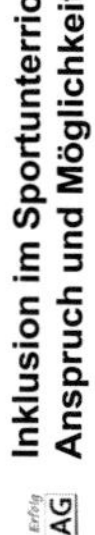

Theorie/Wissenswertes zum Nachlesen

1. „Eine Schule für alle“: UN-Behindertenrechtskonvention

Die öffentlichen Schulen sind inklusive Schulen. Sie ermöglichen allen Schülerinnen und Schülern einen barrierefreien und gleichberechtigten Zugang.[1]

Der Begriff „Inklusion“ ist aktuell „in aller Munde“. Mit der Umsetzung der UN-BRK sollen gleichwertige Lebensverhältnisse für Menschen mit und ohne Behinderung geschaffen werden, das heißt unter anderem auch die gleichberechtigte Teilnahme an Freizeit- und Sportaktivitäten, einschließlich im schulischen Bereich.[2]

Die frühere Gesundheitsministerin Ulla Schmidt sagt es schlicht so: „Wir wollen, dass alle Menschen überall mitmachen können.“[3]

Inklusion beruft sich auf die Menschenrechte und fordert, dass die Schule den Bedürfnissen ihrer Schüler insgesamt gerecht wird. Es muss eine Schule für alle konzipiert werden, in der kein Kind ausgesondert wird, weil es den sog. Normen oder den Anforderungen der Schule (der Lehrkräfte) nicht entsprechen kann.

In der praktischen Umsetzung heißt das, nicht die Menschen mit Schwächen im motorischen Bereich und mit Behinderungen müssen ihre Fähigkeiten und Fertigkeiten dem Angebot der Schule bzw. der Sportvereine anpassen, sondern die Bewegungs- und Sportangebote dieser Institutionen müssen für Menschen mit Schwächen im motorischen Bereich und mit Behinderungen kreativ passend gestaltet werden. Nur so ist gewährleistet, dass der Gedanke eines Sportangebots für „Alle“ nicht nur Theorie bleibt.

Teilhabe am Sport ist ein ganz wichtiger Baustein auf dem Weg zur inklusiven Gesellschaft.[4]

- Das Prinzip der Selbstbestimmung (BRK) wird im Sportunterricht umgesetzt, dass, sowohl der Rollstuhlfahrer, als auch der sehbehinderte Mensch immer selber entscheiden kann, ob Unterstützung in Anspruch genommen wird.
- Das Prinzip der gleichberechtigten Teilhabe wird durch differenzierte Bewegungsangebote umgesetzt.

In der praktischen Sportstunde sind kreative und häufig von der „bisherigen Norm“ abweichende Methoden, Wege und Lösungen bzw. Bewegungsaufgaben gefragt, denn das Ziel ist nicht mehr, Schwächen auszugleichen, sondern Stärken zu fördern![5]

---

[1] Niedersächsischer Landtag:– Gesetz zur Einführung der inklusiven Schule in Niedersachsen, verabschiedet 23.3.2012.

[2] Übereinkommens der Vereinten Nationen vom 13.12.2006 über die Rechte der Menschen mit Behinderungen, Art.30, 5d

[3] Neue Osnabrücker Zeitung vom 28.1.2012: Berliner Geflüster – Neues von Ulla Schmidt

[4] Christine Haderthauer, Bayerisches Staatsministerium für Arbeit und Sozialordnung, Familie und Frauen

[5] Hartmut Courvoisier, Präsident des BVS Bayern e.V.

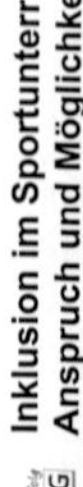

Theorie/Wissenswertes zum Nachlesen

1.1 Inklusive Pädagogik

Das wesentliche Prinzip der inklusiven Pädagogik ist die Wertschätzung der Diversität (Vielfalt) in der Bildung und Erziehung. Die Heterogenität (Unterschiedlichkeit) wird als Vielfalt, die bereichernd ist, angesehen. Die Schule hat die Bildungs- und Erziehungsbedürfnisse aller Schüler zufrieden zu stellen.

Die Grundidee der inklusiven Pädagogik besteht darin, dass kein Schüler mehr anders angesehen wird. Jede Klasse besteht aus unterschiedlichen Schülern, die alle förderbedürftig sind. Für die inklusive Pädagogik gibt es keine „normalen“ Schüler mehr, jeder Schüler ist Förderschüler und dadurch wird der Förderschüler zum normalen Schüler (nach Wikepedia).
In dieser Pädagogik finden sich alle Kinder gut aufgehoben, auch jene, die bisher ausgegrenzt und „besonders“ beschult worden sind.

Das Konzept der inklusiven Pädagogik trägt den Entwicklungs- und Lernbedürfnissen junger Menschen sowie der Individuallage und den spezifischen Bedürfnissen des einzelnen Schülers Rechnung. Konkret umgesetzt heißt das, dass alle Schüler auf die adäquate Weise lernen dürfen und jedem Kind alle personellen und materiellen Hilfen zur Verfügung gestellt werden, die es für seine Entwicklung und sein Lernen benötigt.[6]

Beispiele:

„Wackelbrücke“ – personelle Hilfe

Alle Kinder sind im aktiven Einsatz und übernehmen Verantwortung – die Lehrkraft (evtl. auch ein Mitschüler) unterstützt das balancierende Kind durch Handfassung *(siehe Abb. 1)*.

Abb. 1

Aufrichten – materielle Hilfe: Die Bauchlage auf dem Hocker erleichtert das leichte Anheben des Oberkörpers und das Halten der Körperspannung *(siehe Abb. 2)*.

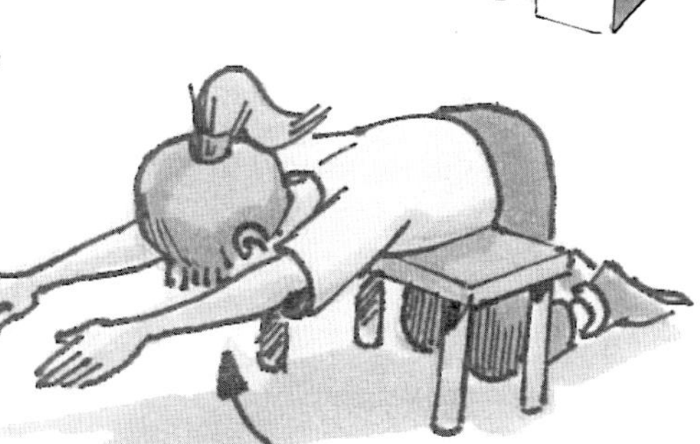

Abb. 2

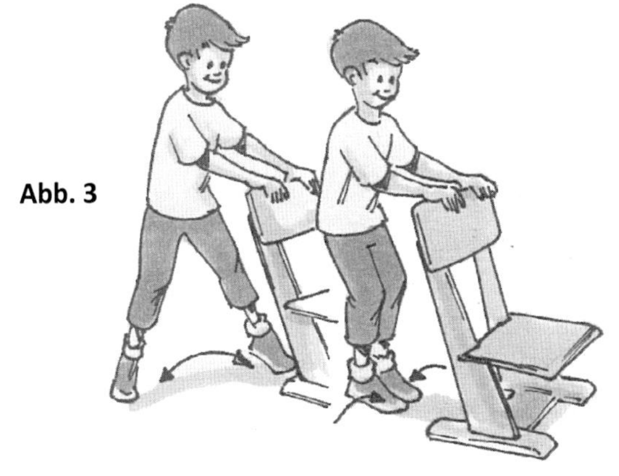

Abb. 3

Schluss- und Grätschsprünge im Wechsel – materielle Hilfe:

Der Griff mit den Händen an der Stuhllehne gibt Sicherheit und erleichtert damit die Ausführung der Sprünge *(Abb 3)*.

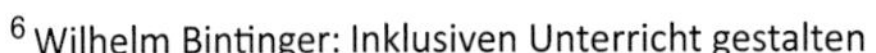

[6] Wilhelm Bintinger: Inklusiven Unterricht gestalten

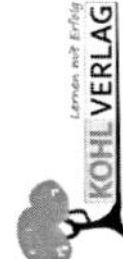

KOHL VERLAG Inklusion im Sportunterricht Anspruch und Möglichkeiten – Bestell-Nr. 11 308

1.2 Ziele und inklusiver Sportunterricht

Bisher war die Sportpädagogik eher eine Sachverwalterin des Sports und weniger die Vertreterin der entwicklungsförderlichen Bildungsinteressen junger Menschen. Das Thema Heterogenität und Inklusion wurde lange Zeit vorwiegend von der Motopädagogik und Psychomotorik verfolgt. **In Zukunft sollte unter dem Begriff „Bewegungserziehung" oder „Bewegung, Spiel und Sport" die Heterogenität und Inklusion selbstverständlich sein.**[7]

Pädagogisches Ziel im Sportunterricht muss es sein, ein gemeinsames Lernen und Üben von Schülern mit unterschiedlichen Voraussetzungen zu ermöglichen und dabei den persönlichen Voraussetzungen, Vorerfahrungen, Fähigkeiten und Fertigkeiten gerecht zu werden.

Die folgenden exemplarischen Beispiele sollen die oben genannten Punkte veranschaulichen und durch die Bewegungsvielfalt allen Schülern die aktive Teilnahme ermöglichen.

Ziel: Kräftigung der Arm- und Schultermuskulatur

Beispiel: Liegestütz vorlings – Beugen und Strecken der Arme

- Liegestütz in der Bankstellung mit Stütz der Hände auf der Turnbank
- Liegestütz in der Bankstellung *(Abb. 4)*
- Liegestütz vorlings am Boden *(Abb. 5)*

Abb. 4

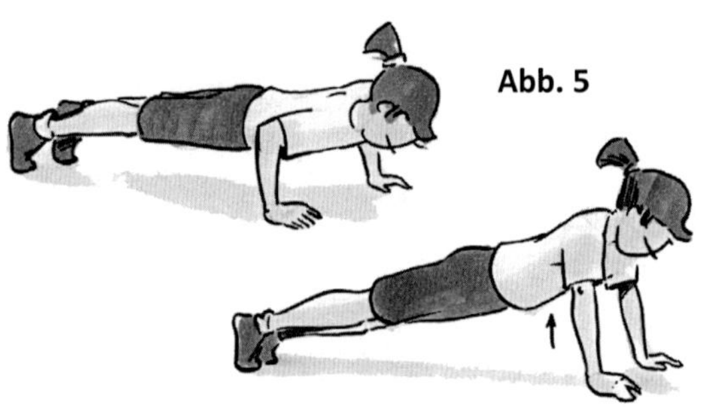

Abb. 5

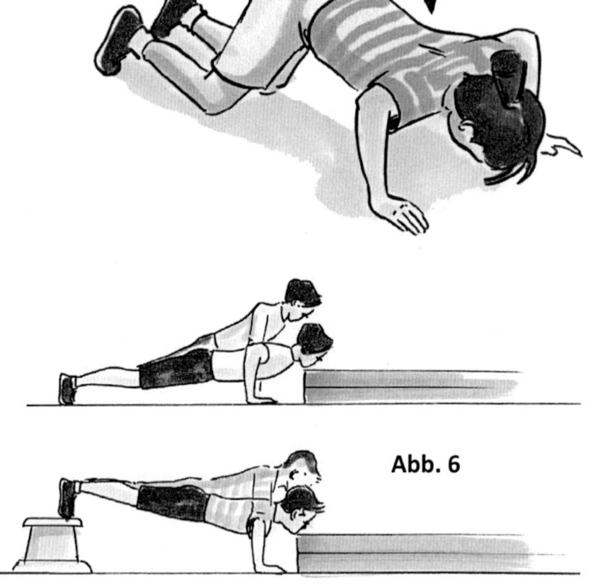

Abb. 6

- Liegestütz vorlings mit Anheben eines Beines
- Liegestütz vorlings mit den Füßen auf der Bank *(Abb. 6)*
- Rollstuhlfahrer stützt sich auf dem Rahmen des Rollstuhls ab *(Abb. 7)*

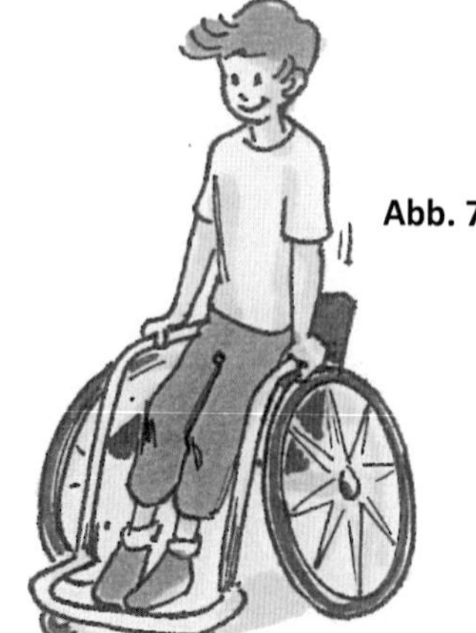

Abb. 7

[6] Hölter; G.; Perspektiven einer Sportpädagogik der Vielfalt – Integration und Inklusion

[7] In FEdiuk F.; Inklusion alls bewegungspädagogische Aufgabe - S. 108

Theorie/Wissenswertes zum Nachlesen

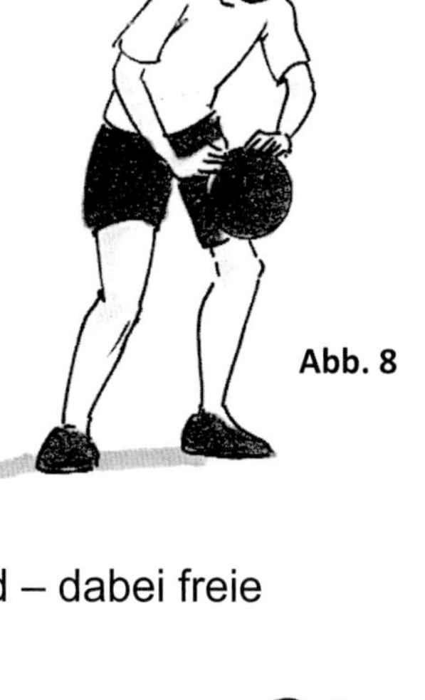
Abb. 8

Ziel: Schulen koordinativer Fähigkeiten

Beispiel: Prellen eines Balles

- Im Stand mit beiden Händen einen Ball „zu Boden drücken“ – eventuell auch im Sitz (auf einem Stuhl, in einem Rollstuhl, auf einem kleinen Kasten, Hocker etc.) *(Abb 8)*
- Prellen des Balles mit einer Hand (der geübten Hand) am Ort – auch mehrere Male in Folge – wenn möglich.
- Prellen des Balles mit der ungeübten Hand am Ort.
- Prellen des Balles in der Fortbewegung mit der geübten Hand – dabei freie Raumwege wählen.
- Prellen des Balles in der Fortbewegung, dabei den Linien der Halle folgen, im Kreis herum, im Slalom durch eine markierte Strecke usw. *(Abb. 9)*
- Prellen des Balles am Ort mit der geübten und ungeübten Hand im Wechsel.
- Prellen mit zusätzlichen Aufgaben, z.B. um den Körper herum, durch die gegrätschten Beine, im Grätschsitz neben und zwischen den Beinen usw.

Abb. 9

- Prellen des Balles mit einem Partner – Handfassung im Stand und in der Bewegung
- Unter Einbeziehung eines zusätzlichen Handgerätes, zum Beispiel
  - auf einer Teppichfliese stehen und den Ball am Ort prellen oder
  - den Ball in einen Reifen prellen und dabei im Kreis gehen *(Abb. 10)* oder
  - im Reifen stehen und mit einem Stab den Ball prellen usw. *(Abb. 11)*

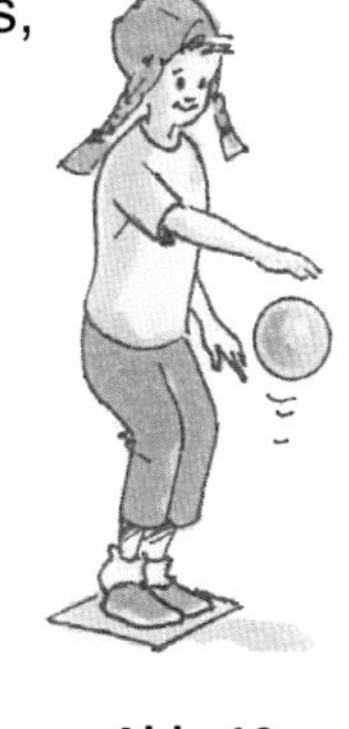
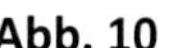
Abb. 10

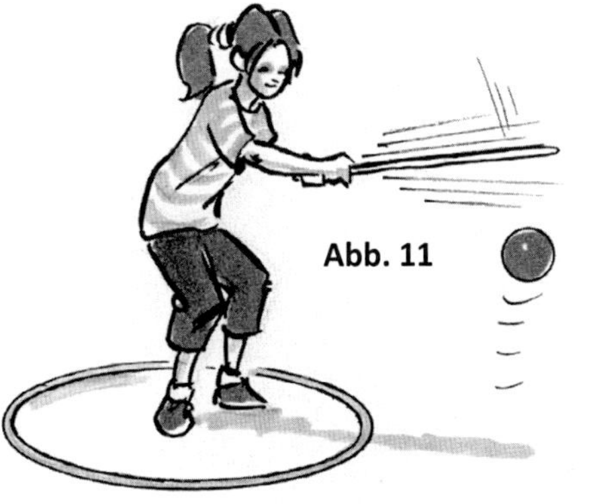
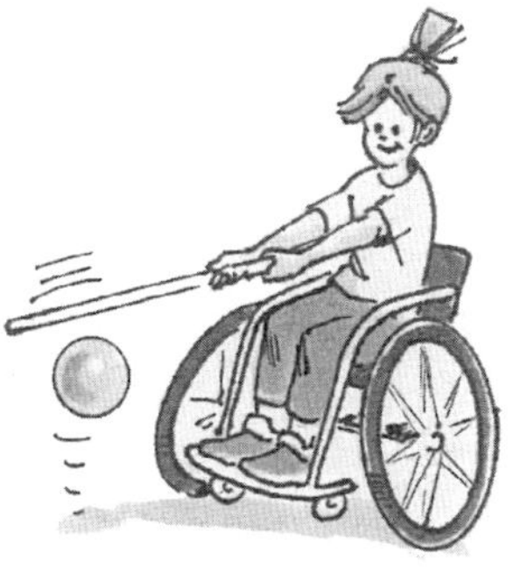
Abb. 11

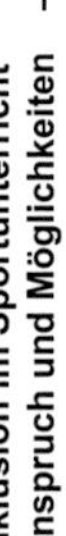

Wenn man die Unterrichtspraxis im Blick hat, so wird deutlich, dass Kinder und Jugendliche mit den Herausforderungen aufgrund ihrer Voraussetzungen und Bewegungserfahrungen ganz unterschiedlich umgehen. Damit wird deutlich, wie wichtig ein kreativ und inhaltlich ausgerichteter Lernprozess ist, damit jedem Schüler entsprechende Erfolgserlebnisse ermöglicht werden und **der Sportunterricht in guter „Erinnerung" bleibt – Motivation für die nächsten Stunden!**

Der Sportunterricht bietet viele Möglichkeiten der Umsetzung, stellt aber auch besondere Anforderungen an die Lehrkräfte hinsichtlich der Aufsichtspflicht, da sich evtl. gleichzeitig viele Schüler mit unterschiedlichen Aufgabenstellungen und evtl. mit/an unterschiedlichen Geräten bewegen.

Ein inklusiver Sportunterricht benötigt kreative Lehrkräfte, die auf die unterschiedlichen Bedürfnisse ihrer Schüler mit flexiblen methodischen und organisatorischen Varianten reagieren.

In jeder Sportstunde muss man sich aufs Neue mit den Inhalten und der Frage auseinandersetzen, wie dem einzelnen Schüler Erfolgserlebnisse ermöglicht werden können, wobei sicher häufig von der Norm der bisher bekannten Wege abgewichen werden muss.

2. Bewegung/Sport und kindliche Entwicklung

Kinder spielen heutzutage immer seltener draußen. **Welche Folgen hat das?**

„Die Kinder lernen nicht mehr sich zu bewegen. Ich habe das am Institut für Kindesentwicklung beobachtet und war wirklich erschüttert. Viele Kinder können seltener rückwärts gehen, ohne mit den Augen zu kontrollieren. Sie haben Probleme, auf einem Bein zu hüpfen. Manche Kinder kommen auch herein und können schlicht nicht stillsitzen. Sie müssen die Armlehnen oder ähnliches benutzen, um ständig zu wippen, ständig in Bewegung zu bleiben. So stellen sie ihr seelisches Gleichgewicht her" *(Petra Rau, Stadtplanerin in Berlin, in NATUR 9/98).*

Wenn die Kinder ihre Spiel- und Bewegungsbedürfnisse nicht „erleben und ausleben" können, kommt es häufig zu Defiziten in der körperlichen Entwicklung und im Bewegungsverhalten mit weiteren Auswirkungen auf die Sprachentwicklung, die Konzentrationsfähigkeit, die kognitive und emotionale Entwicklung.

Mangelnde Bewegungserfahrungen erhöhen auch das Unfallrisiko. Verminderte Geschicklichkeit führt zu Stürzen oder Stolpern. Viele Kinder beherrschen heute ganz bestimmte Abfangtechniken nicht mehr, weil sie diese nicht geübt haben.

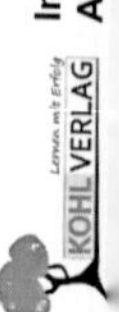

2.1 Vielfältige Bewegungsaktivitäten und gemeinsames Lernen/Üben

- auf unterschiedlichem Niveau
- und mit individuellem Lerntempo

geben Impulse für die Persönlichkeitsentwicklung des Kindes in jeder Hinsicht, z.B.

- Stärkung des Selbstwertgefühls (ich kann das, ich fühle mich akzeptiert);
- Stärkung des Selbstbewusstseins (ich trau mir das zu, ich probiere es aus, auch wenn ich nicht weiß, ob es gelingt);
- Lernen mit Niederlagen (Einschränkungen) umzugehen, um Unterstützung zu bitten und Hilfen anzunehmen – ohne Verlust des Selbstwertgefühls.

Dies gilt natürlich auch und insbesondere für leistungsschwächere und behinderte Kinder/Jugendliche.

Bewegung wirkt sich positiv auf die körperliche und motorische, aber auch auf die psychosoziale und kognitive Entwicklung eines Kindes aus.[8]

- Kinder wollen sich bewegen - wollen laufen, hüpfen, springen, balancieren, steigen, klettern, wälzen, rollen, stützen, hängen, schwingen, werfen, fangen usw..

Mit diesen sogenannten Grundtätigkeiten erobert das Kind seine Umwelt, macht es vielfältige Erfahrungen im Bewegungs- und Wahrnehmungsbereich. Die Erfahrungen sind begleitet von taktilen, kinästhetischen, visuellen, akustischen und vestibularen Empfindungen. Bei vielen Spielen und Übungen geraten die Kinder kurzzeitig aus dem Gleichgewicht und stellen es wieder her; sie hüpfen, drehen sich im Kreis und erfahren dabei Geschwindigkeit, Schwerelosigkeit, Rhythmus usw..

- Bewegungsaufgaben beim Abenteuerturnen oder an Bewegungslandschaften werden angegangen und evtl. selbstständig gelöst;
- Neue Bewegungsfertigkeiten werden über methodische Übungsreihen mit materieller und personeller Hilfe erlernt und geübt (Hockwende, Handstütz, Grätsche, Aufschwung, hoch und weit springen, Bälle zielgerichtet werfen usw. und Bewegungskombinationen bei kleinen Spielen) usw..
- Motorische Aktivitäten finden häufig unter immer anders verlaufenden situativen Bedingungen statt, dadurch werden insbesondere der Bewegungssinn (taktil-kinästhetisch) und der Gleichgewichtssinn angesprochen.

Kinder brauchen für ihre gesunde und angemessene Entwicklung häufige „tägliche“ Bewegungsanlässe.

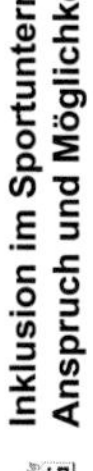

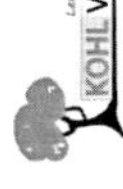

[6] Rahmenlehrplan Kindersportschule S. 10

Mit und durch Bewegung ...

- verbessert sich die Leistungsfähigkeit der Muskulatur, der Bänder und Sehnen;
- werden das Herz-Kreislauf-System und der Stoffwechsel positiv beeinflusst und belastbarer. Der kindliche Organismus braucht zur Ausbildung leistungsfähiger Organe vielfältige Bewegungsreize;
- werden die koordinativen Fähigkeiten angesprochen und geschult;
- werden die Kinder motorisch sicherer – es passieren weniger Stürze und Unfälle;
- macht jedes Kind wichtige soziale Erfahrungen;
- lernen sie sich durchzusetzen oder nachzugeben, um Hilfe zu bitten und mit Konfliktsituationen umzugehen;
- lernen sie sich gegenseitig zu helfen und evtl. zu unterstützen. Jedes Kind lernt in unterschiedlichen Bewegungssituationen seine Stärken und Schwächen kennen und entwickelt daraus auch ein Bewusstsein für die eigenen Fähigkeiten;
- lernen sie, um Unterstützung zu bitten;
- wird ein stetiger Wechsel zwischen Anspannung und Entspannung möglich, dadurch sind Körper und Geist leistungsfähiger;
- werden letztlich immer mehr Nervenzellen vernetzt (Synapsenbildung).

Wenn man sich diese beispielhafte Auflistung ansieht, wird deutlich, *dass kein Kind zurückgelassen werden darf*, sondern entsprechend seiner Voraussetzungen und Möglichkeiten aktiv am Sportunterricht teilhaben können muss.

3. Vielfalt und Heterogenität sind Realität und Normalität im Sportunterricht

Vielfalt und Heterogenität beziehen sich im Sport nicht nur auf die Körpergröße, das Gewicht, das Geschlecht und die Behinderung, sondern auch

- auf die konditionellen und koordinativen Voraussetzungen der Schüler;
- auf die Entwicklung der Grundtätigkeiten (gehen, laufen, hüpfen, springen, stützen, schwingen, hängen, balancieren, heben, tragen, ziehen, schieben, rollen, wälzen);
- auf die emotional-soziale Situation der Schüler;
- und auf den „Schatz“ an gesammelten Bewegungserfahrungen sowie auf die Erfahrungen im außerschulischen Sport usw..

3.1 Der Begriff „behindert“

Was und woran denkt man, wenn man diesen Begriff hört?

- an Kinder, die im Rollstuhl sitzen?
- an Kinder, die Sprachstörungen haben?
- an blinde Kinder?
- an sozial-emotional auffällige Kinder – „Störer“?
- an Kinder mit geistigen Behinderungen?
- an hörgeschädigte Kinder?
- an Kinder mit Lernschwierigkeiten?

Eine Gruppe von Menschen mit Behinderung kann selbst wiederum äußerst heterogen sein, zum Beispiel:

- Was haben ein blinder Schüler und ein erziehungsschwieriger Schüler mit Lernschwierigkeiten gemeinsam?
- Was haben ein Kind mit einer Beeinträchtigung der linken Hand und ein Kind, das nicht hören kann gemeinsam?

Nichts!!!! – außer, dass durch den Begriff behindert eine Klammer um sie gelegt wird, die dann letztlich durch Integration oder Inklusion wieder – mehr oder weniger – gelöst werden soll.
Der Schüler mit der Beeinträchtigung der linken Hand wird mit der Sportart Tischtennis oder Badminton keine Probleme haben, der blinde Schüler dagegen steht vor einer viel komplexeren Herausforderung! Was kann der Schüler im Rollstuhl bei Rückschlagspielen leisten? (usw.)
Der blinde Schüler wird ohne Probleme „Klimmzüge“ am Reck oder Liegestütze am Boden ausführen können, der Schüler mit der Beeinträchtigung der linken Hand wird diese Übungen verändern müssen.

Fazit: Entscheidungen inhaltlicher, didaktisch-methodischer und organisatorischer Art müssen immer den jeweiligen Schüler und die konkrete Situation in der Klasse/Gruppe berücksichtigen.

Exemplarische Beispiele:

Unterschiedliche Körpergröße

Ziele: Schulen der Arm- und Schulterkraft (sein eigenes Körpergewicht abstützen können)

Beispiel: Aus dem Stand Sprung in den Stütz am schulterhohen Reck

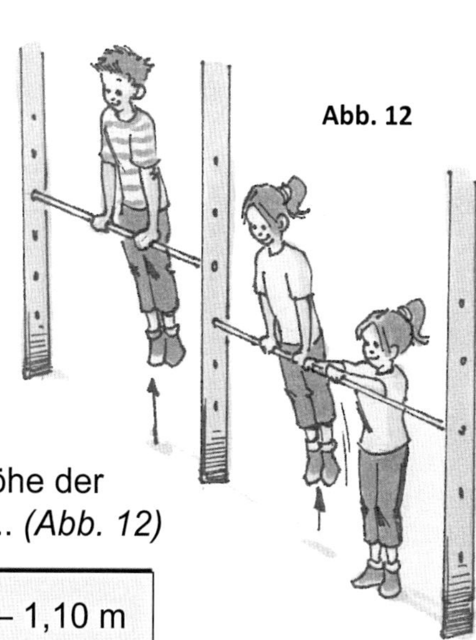
Abb. 12

- Das 1,20 m große Kind braucht eine andere Höhe der Reckstange als ein Kind mit 1,40 m und mehr ... *(Abb. 12)*

> Tipp: Mehrere Recke aufbauen, z.B. ein Reck – 1,10 m – ein Reck – 1,30 m – ein Reck – 1,40 m

KOHL VERLAG Inklusion im Sportunterricht Anspruch und Möglichkeiten – Bestell-Nr. 11 308

Theorie/Wissenswertes zum Nachlesen

Unterschiedliche konditionelle Voraussetzungen

Ziele: Verbessern der Wurfkraft

Beispiel: Wurf eines Balles gegen die Wand – so, dass man ihn anschließend wieder fangen kann (evtl. auch nach einem Aufsetzer)

- Einige Schüler werfen von 5 m Abstand, wurfstarke Schüler werfen von 10 m Abstand zur Wand.
- Bei einer schräg zur Wand verlaufenden Abwurflinie kann sich jeder den Abstand suchen, den er braucht. Das gilt auch für den „Rollstuhlfahrer" *(Abb. 13)*.

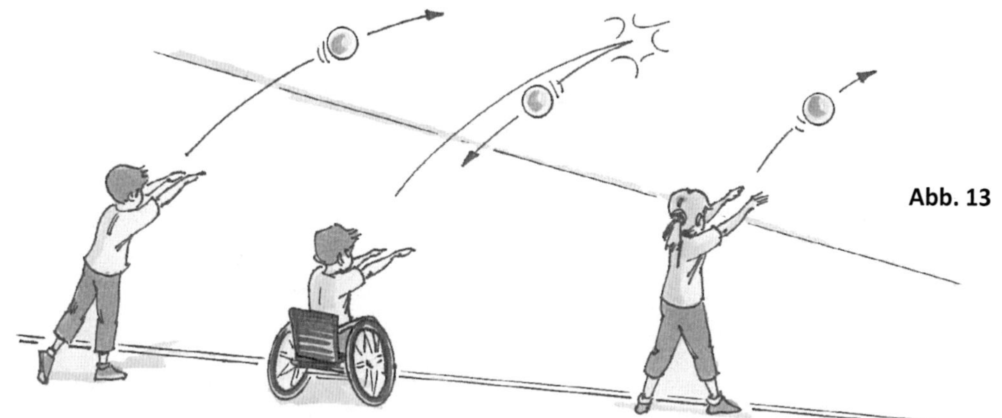

Abb. 13

Tipp: Ein Tau schräg auslegen oder Turnbänke schräg zur Wand aufstellen.

Unterschiedliche koordinative Voraussetzungen

Ziele: Verbessern der Anpassungs-, Orientierungs- und Antizipationsfähigkeit

Beispiel: Übungen ohne Gerät

- **Gehen**
  Alle Schüler gehen durcheinander in der Sporthalle. Dabei bestimmen sie ihr eigenes Tempo und suchen sich eigene Raumwege. Andere Schüler dürfen nicht angestoßen bzw. behindert werden.

  Tipp: Je nach Anzahl der Schüler kann man die gesamte Sporthalle zunächst nutzen oder evtl. bei geringerer Schülerzahl auch die Hälfte.

Gehen mit plötzlichen Unterbrechungen (auf Musikstopp oder Tamborinschlag), z.B. in den Hockstütz, in den Sitz, in die Bauchlage usw..
Gehen vorwärts mit verschiedenen Armbewegungen, z.B. gleichzeitiges oder wechselseitiges Armkreisen, ein Arm über Kopf gestreckt – der andere Arm führt Kreise aus usw. *(Abb. 14)*.

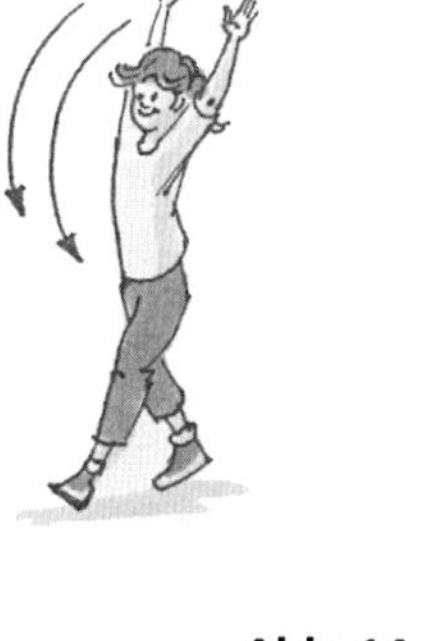

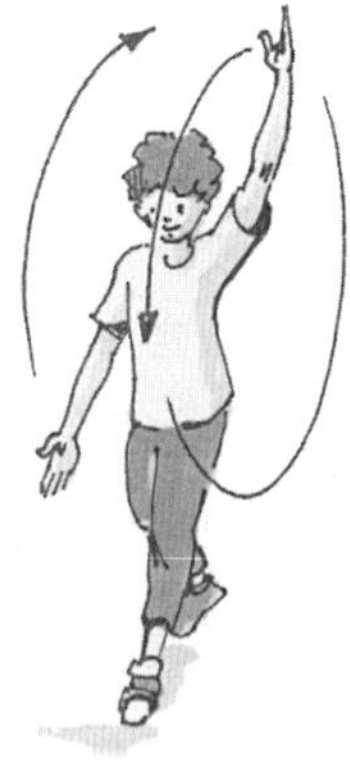

Abb. 14

KOHL VERLAG Inklusion im Sportunterricht Anspruch und Möglichkeiten – Bestell-Nr. 11 308

Theorie/Wissenswertes zum Nachlesen

Gehen vorwärts mit Richtungsänderungen, z.B. Handklatsch einmal = rechts herum, Handklatsch zweimal = links herum, Handklatsch dreimal = halbe Drehung usw..
Nun wird das Spielfeld verkleinert (halbiert). Schafft ihr es jetzt auch noch, keinen anderen Schüler zu berühren?

Hinweis: Sich nur noch im Volleyballfeld bewegen.

Folgt den eingezeichneten Linien auf dem Übungsfeld der Sporthalle. Wenn ihr einem anderen Schüler begegnet, dürft ihr kurz die Linie seitwärts verlassen, anschließend müsst ihr aber sofort auf die Linie zurückkehren.
Wer kann auch seitwärts oder im Scherenschritt die Linie entlanggehen?

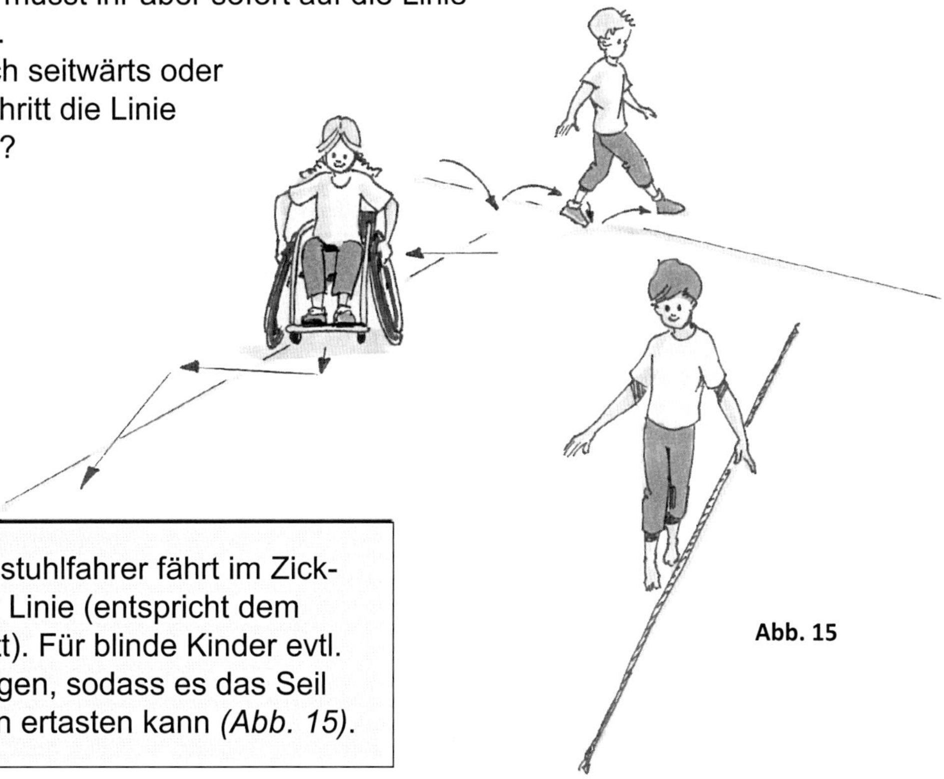

> Tipp: Der Rollstuhlfahrer fährt im Zick-Zack über die Linie (entspricht dem Scherenschritt). Für blinde Kinder evtl. ein Seil auslegen, sodass es das Seil mit den Füßen ertasten kann *(Abb. 15)*.

Abb. 15

- **Hüpfen und Springen**

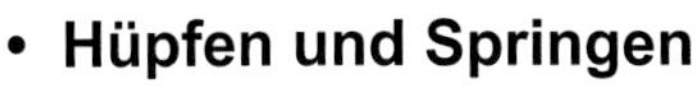

Jeder Schüler sucht sich eine Linie und stellt sich daneben auf. Schlusssprünge vor-, seit- und rückwärts ausführen *(Abb. 16)*.

> Tipp: Es ist auch möglich, über die Linie zu „steigen“ – erst den rechten Fuß auf die andere Seite setzen, dann danach sofort den linken Fuß daneben setzen. Dann zurück erst den linken Fuß auf die andere Seite und danach den rechten Fuß usw.. Rechtecke, Quadrate, Dreiecke und Kreise abspringen. Findet selbst noch weitere Formen.

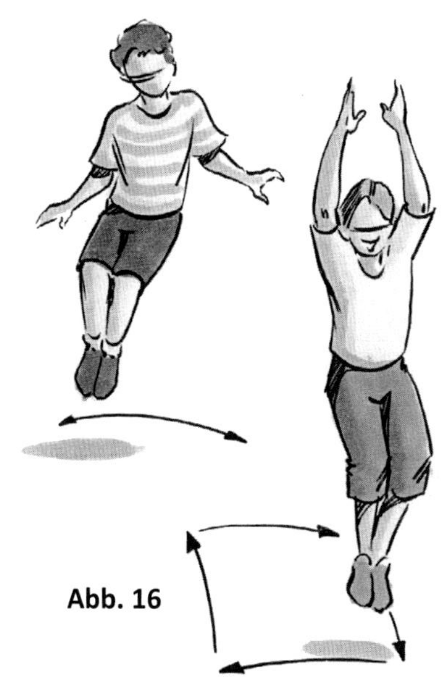

Abb. 16

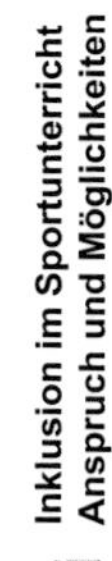

Tipp: Der Rollstuhlfahrer fährt diese Formen im größeren Format nach.

Handfassung und mit dem Partner über eine Linie hin und her springen.

Tipp: Auch für blinde Kinder umzusetzen.

Schlusssprünge mit Drehungen ausführen (Viertel- und Halbdrehungen)

Im Schulalltag gab es auch bisher keine homogenen Gruppen, man konnte oder kann aber leider immer wieder Bestrebungen beobachten, möglichst homogene Gruppe zu bilden.

Der Umgang mit Ängstlichen, Übergewichtigen, psychisch Beeinträchtigten, Bewegungsbehinderten, Hyperaktiven und Konzentrationsgestörten ist aber der pädagogische Normalfall.

Man denke nur daran, dass ...

- es in einer 1. Klasse häufig 5- bis 7-jährige Schulanfänger gibt,
- manche Mädchen 1,10 m groß sind – andere dagegen schon eine Körpergröße von 1,25 m und mehr aufweisen;
- es zarte und sehr schlanke Kinder gibt, aber auch immer mehr übergewichtige Kinder;
- manche Kinder schon Buchstaben schreiben und sogar schon lesen können, während andere noch keinen einzigen Buchstaben kennen,
- manche Kinder regelmäßig einmal in der Woche zum „Turnen" gehen, andere haben kaum Vorerfahrungen im sportmotorischen Bereich – oder anders ausgedrückt: Manche Erstklässler haben keine Probleme, über einen 90 cm hohen Bock eine Grätsche auszuführen, während andere Kinder noch nie einen Bock gesehen haben!

Die Ausrichtung der Schulen auf die unterschiedlichen Voraussetzungen von Kindern und Jugendlichen ist eine grundsätzliche Aufgabe.

Dabei werden die Akzeptanz von Vielfalt und Verschiedenheit erweitert und die Möglichkeiten und Fähigkeiten der Schulen im Umgang mit Unterschieden – sowohl auf der individuellen als auch auf der organisatorischen und systemischen Ebene – gestärkt.[9]

[9] Inklusive Bildung von Kindern und Jugendlichen mit Behinderungen in Schulen – Beschluss der Kultusministerkonferenz vom 20.10.2011 – S. 3

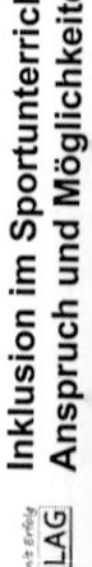

4. Schüler haben einen individuellen Förderbedarf

Natürlich hat jeder Schüler einen individuellen Förderbedarf, das war immer so, ist aber in der Regel sicher nicht immer beachtet worden, weil es immer methodischer und inhaltlicher Modifikationen bedarf und das kann im Sportunterricht nur ein fachlich gut qualifizierter Sportlehrer leisten.

Jeder Schüler wird dort abgeholt, wo er steht. Die folgenden Beispiele sollen das exemplarisch veranschaulichen.

In einer 4. Klasse gibt es Schüler ...

- die aus der Schlussstellung auf der Bank in den Grätschstand und wieder in den Schlussstand auf die Sitzfläche der Bank springen *(Abb. 17)*;
- die mit beiden Füßen auf die Sitzfläche der Bank und wieder zurück auf den Boden springen;
- die erst mit einem Fuß und dann mit dem anderen Fuß auf die Bank steigen und ebenso wieder hinabsteigen *(Abb. 18)*.

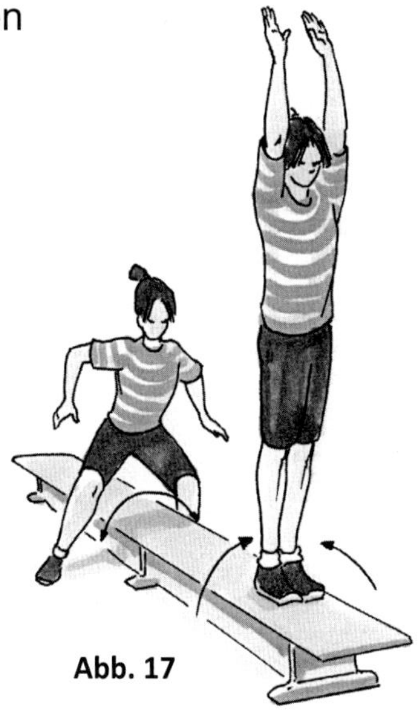

Abb. 17

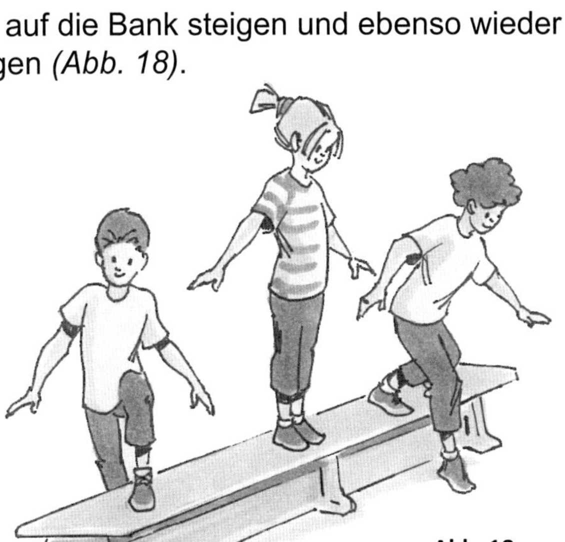

Abb. 18

In einer 5. Klasse gibt es Schüler ...

- die die Grätsche über den ca. 1,20 m hohen Bock ohne Probleme ausführen können,
- die das Übergrätschen über kleine Kästen ausführen *(Abb. 19)*,

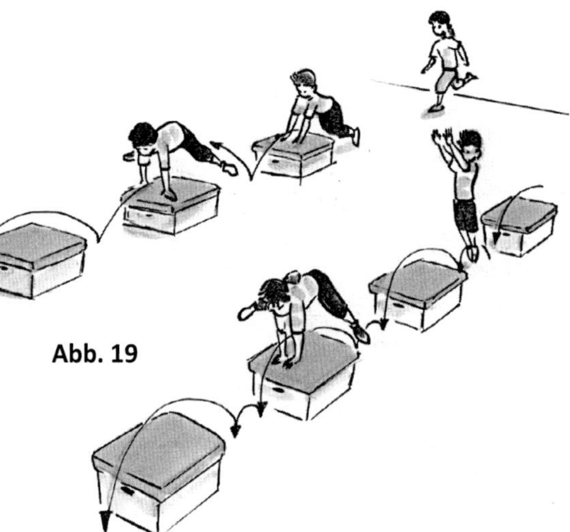

Abb. 19

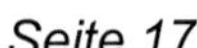

Theorie/Wissenswertes zum Nachlesen

- oder im leichten Liegestütz das Grätschen und Schließen der Beine üben *(Abb. 20)*.

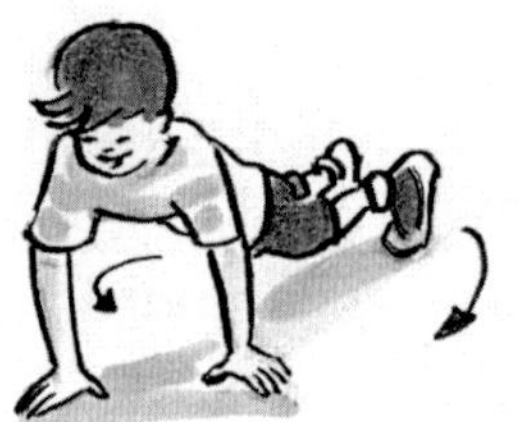
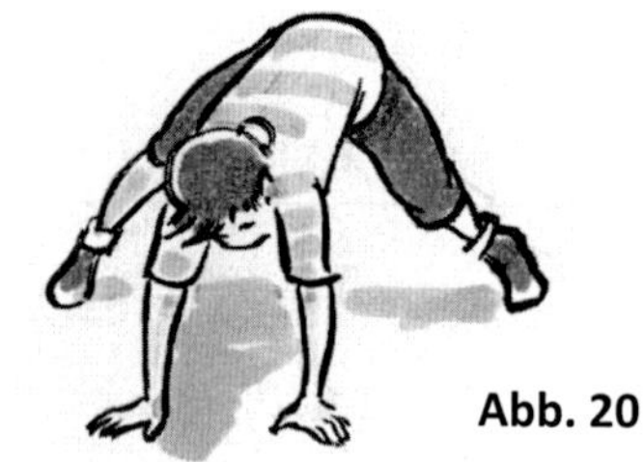

Abb. 20

In einer 8. Klasse gibt es Schüler ...

- die ca. 5 Minuten ohne Pause über die im Oval der Sporthalle aufgebauten Hindernisse laufen (siehe durchgehende Linie auf S. 19); für den Rollstuhlfahrer könnten andere Hindernisse aufgebaut werden, z.B. zwei aneinandergelegte Sprungbretter oder ein Slalom mit Hütchen.
  Auch ein unterschiedlicher Untergrund ist eine Herausforderung für Rollstuhlfahrer (über Turnmatten fahren).
- die evtl. nur 3 Minuten über die im Oval der Sporthalle aufgebauten Hindernisse laufen;
- die 3 oder 5 Minuten in der Sporthalle eine kleinere Runde ausdauernd laufen (siehe gepunktete Linie auf S. 19), ohne dabei Geräte zu überwinden. Auch der Rollstuhlfahrer könnte diese Aufgabe lösen *(Abb. 21)*.

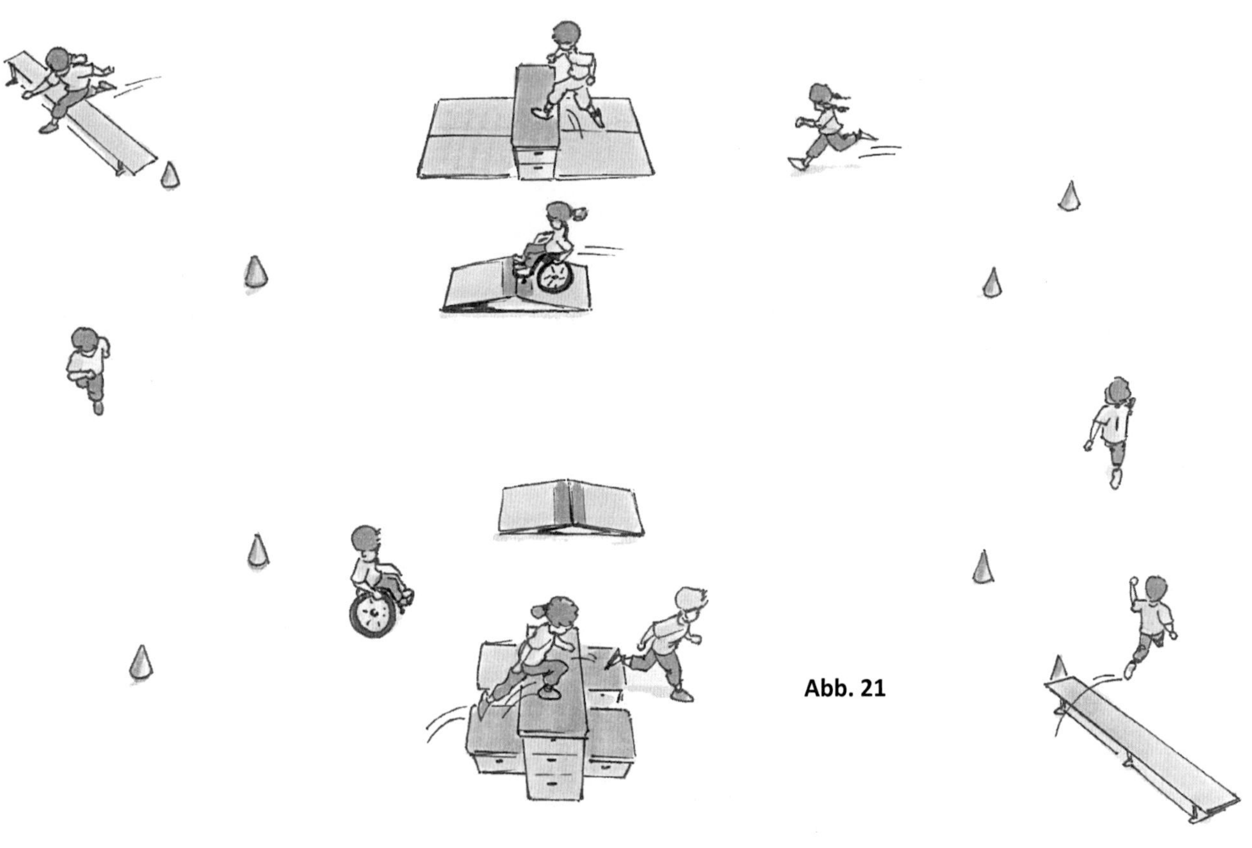

Abb. 21

Siehe auch Skizze auf der nächsten Seite.

KOHL VERLAG Inklusion im Sportunterricht Anspruch und Möglichkeiten – Bestell-Nr. 11 308

Theorie/Wissenswertes zum Nachlesen

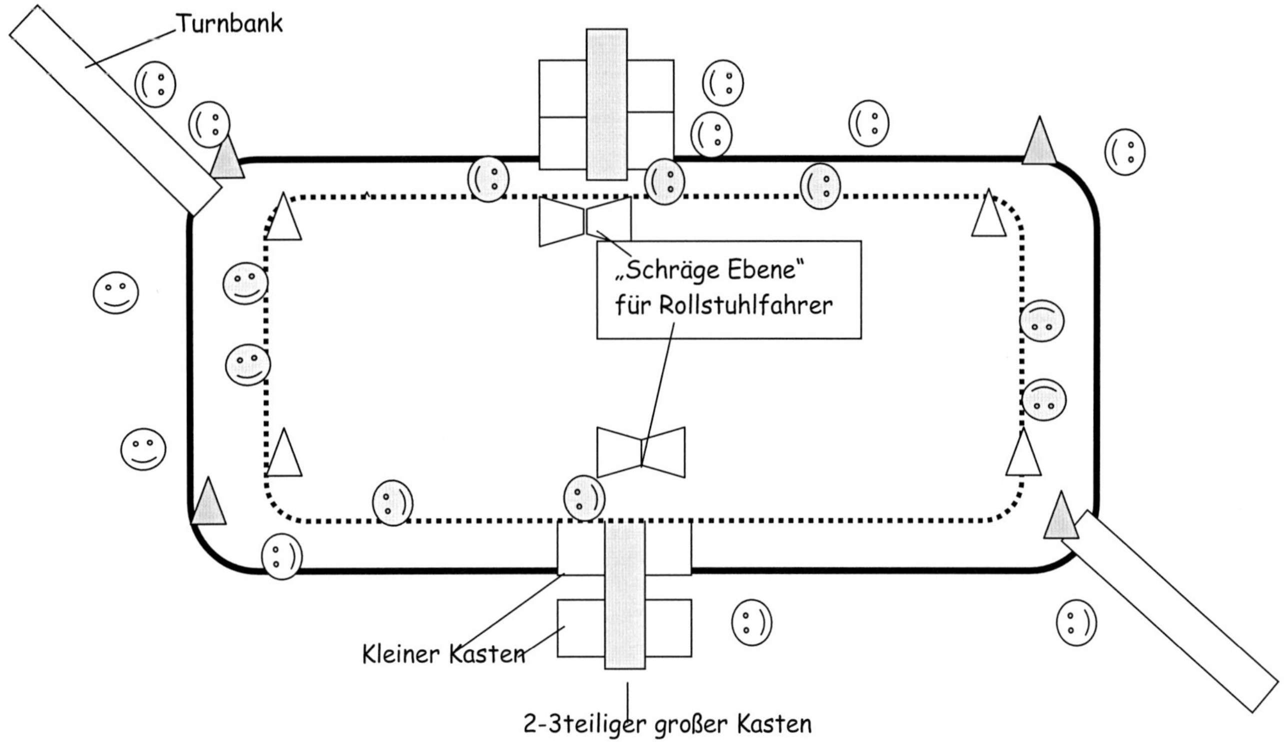

5. Grundsätze eines inklusiven Bewegungs- und Sportangebotes für alle

➔ Ein inklusiver Sportunterricht ist ein „Sport für Alle“ – es wird kein Schüler aufgrund von unterschiedlichen körperlichen oder anderen Beeinträchtigungen ausgeschlossen oder ausgegrenzt.

➔ Im Sportunterricht wird Schülern mit unterschiedlichen Voraussetzungen das gemeinsame Lernen und Üben im Sportunterricht ermöglicht.

➔ Alle Schüler können mitmachen, haben durch ein gezieltes und individuelles Üben Spaß am Sport und erfahren ihre individuellen Leistungsgrenzen.

In einem inklusiven Sportunterricht wird nicht mehr (wie bisher gewohnt) in Gruppen unterschieden und eingeteilt ...

Es entfällt die Einteilung bzw. Zuordnung in ...

- begabte und/oder besonders talentierte bzw. leistungsfähige Schüler und leistungsschwache Schüler mit „lückenhaften“ körperlichen Voraussetzungen;
- behinderte und nichtbehinderte Kinder;
- Schüler mit viel Bewegungserfahrungen bzw. angemessener Wahrnehmungsfähigkeit und Schüler, die motorische Schwächen bzw. Wahrnehmungsschwächen aufweisen und über wenig Bewegungserfahrungen verfügen;
- motorisch geschickte Schüler und motorisch auffällige Schüler;
- Schüler mit guten konditionellen/koordinativen Voraussetzungen und Schülern, die konditionelle und/oder koordinative Schwächen aufweisen.

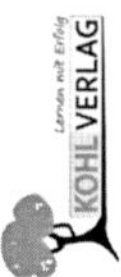

5.1 Teilhabe aller Schüler am Sportunterricht

Unter Teilhabe wird in diesem Zusammenhang eine chancengleiche und gleichberechtigte Teilnahme verstanden.[10]

Bei einem inklusiven Sportunterricht steht immer die gleichberechtigte **Teilhabe aller Schüler im Vordergrund** und nicht die Ausübung bestimmter Sportarten, die Vermittlung spezieller Techniken oder vorgegebener Kompetenzen.

Vorrangig muss die Frage beantwortet werden, wie auf unterschiedliche Leistungsmöglichkeiten reagiert werden kann oder ganz einfach ausgedrückt: *Wie können Schüler mit ungleichen Voraussetzungen gemeinsam Sport ausüben?*

An einem inklusiven Sportunterricht nehmen alle Schüler selbstverständlich teil, das heißt, ...

- es gibt einen gemeinsamen Unterricht für alle Schüler;
- es wird die Individualität der Schüler und Heterogenität der Gruppe berücksichtigt;
- es wird mit einer inneren Differenzierung gearbeitet, die das unterschiedliche Entwicklungs- bzw. Leistungsniveau und die Belastbarkeit der Schüler berücksichtigt;
- es wird ein zieldifferentes Unterrichts- und Lernangebot erstellt;
- es werden Lehr- und Lernformen eingesetzt, die den Unterschiedlichkeiten der Schüler Rechnung tragen;
- es werden jedem Schüler/jeder Schülerin individuelle Lernwege, Lernstile und Lernmethoden zugestanden und ermöglicht.
- Die jeweiligen Bedürfnisse und Voraussetzungen der teilnehmenden Schüler werden berücksichtigt, z.B. Belastung, Lernweg, Lernstil, usw..
- Eine Klasse bildet eine Einheit vieler unterschiedlicher Schüler, die alle einen Förderanspruch haben.
- Alle Pädagogen können (sollten) alle Kinder unterrichten. Hilfestellungen in vielfältiger Form dazu werden bei Bedarf bereitgestellt. Die Fort- und Weiterbildungsbereitschaft wird selbstverständlich vorausgesetzt.

Hinweis: Weitere Unterstützung durch die Bildung eines Ressourcencenters sind hilfreich und sinnvoll, z.B. können bei Bedarf speziell ausgebildete Pädagogen, Psychologen, Ergotherapeuten, Logopäden, Motopäden, Physiotherapeuten, Übungsleiter, Heilerziehungspfleger (Fachkräfte der Behindertenhilfe) mit ganz speziellen Fähigkeiten und Kenntnissen etc. hinzugezogen werden usw..

[10] Schoo, M.: Spiel mit der Vielfalt – Inklusion und Sportspiele – VDS – Sonderpädagogische Förderung in NRW 1/2011

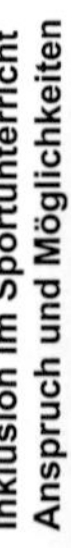

5.2 Bewegungsbeziehungen und mehrperspektivischer Sportunterricht

Beziehung wird als Verbindung, Zusammenhang, Bezugnahme definiert, die zwischen Personen und Sachen entstehen kann. Im engeren Sinn ist eine von der Bewegung getragene und auf Bewegung gerichtete gemeinsame Handlung von Menschen dann eine Bewegungsbeziehung, wenn sich die Bewegungen der Beteiligten wechselseitig beeinflussen.[11] Weichert spricht in diesem Zusammenhang von „Bewegungsbeziehungen" zwischen Sportlern mit unterschiedlichen Voraussetzungen. Diese Beziehungsebene beeinflusst auch immer die Beziehungskompetenz, die Fähigkeiten, sich an den anderen anzupassen ohne sich unterzuordnen/aufzugeben bzw. Situationen zu schaffen, in denen sich der andere an mich anpassen kann/muss oder soll.

Bewegungsbeziehungen herstellen ...

Beispiele:

Wenn sich zwei Schüler den Ball gegenseitig so zuspielen, dass der Partner den Ball gut annehmen oder sogar fangen kann, wird deutlich, dass hier eine Bewegungsbeziehung entsteht. Diese Übung ist auch unter Einbeziehung der Wand möglich *(Abb. 22)*.

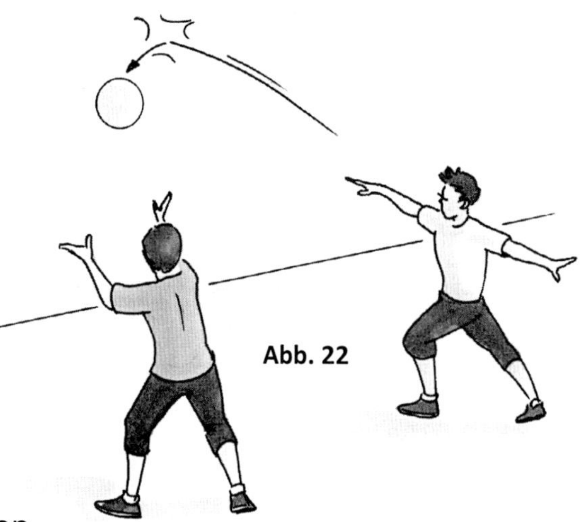

Abb. 22

In Kleingruppen „Pyramiden" bauen, jeder Schüler hat eine bestimmte Aufgabe zu erfüllen. Man denke hierbei nur an den Untermann und Obermann" *(Abb. 23)*.

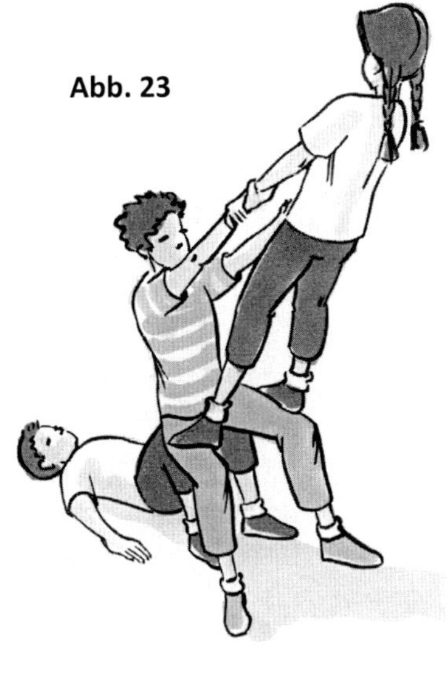

Abb. 23

Die Schüler bilden Dreiergruppen. Ein Schüler befindet sich in der Vierfüßler-Stellung rücklings, der zweite setzt sich davor, seine Hände stützen sich auf den Füßen des ersten Schülers ab; das dritte Kind setzt sich hinter das zweite und stützt sich genauso ab. Auf ein Zeichen der Lehrkraft beginnt das Rennen.
Versucht nun langsam vorwärts zu gehen (alle beginnen mit dem rechten Fuß!) *(Abb. 24)*.

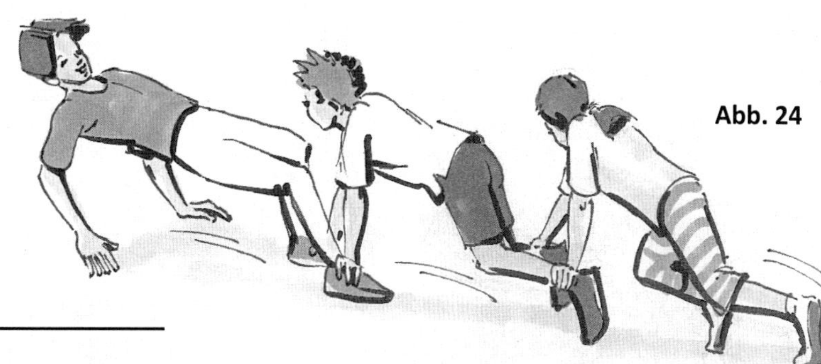

Abb. 24

[11] Weichert, W.: Integration durch Bewegungsbeziehungen – S. 57 - Fediuk, F. (Hrsg.): Inklusion als bewegungspädagogische Aufgabe

Theorie/Wissenswertes zum Nachlesen

Es ist zu wenig, den Blick nur auf das Herstellen von Bewegungsbeziehungen zu richten. Außerdem ist es manchmal nicht ganz einfach, Inhalte, Spiele oder andere Sportaktivitäten zu finden, die sich für das Herstellen von Bewegungsbeziehungen eignen.

Will man einen gemeinsamen Unterricht mit heterogenen Gruppen verwirklichen, könnten auch die Gedanken eines **mehrperspektivischen Sportunterrichtes** in den Blickpunkt rücken. Hierbei geht es im Kern stets darum, einen Unterrichtsgegenstand im Sportunterricht aus mehreren Richtungen (Perspektiven) zu beleuchten und den Schülern so unterschiedliche Zugangsweisen zum Sport erlebbar und erfahrbar zu machen.

Ein Kennzeichen etlicher aktueller Richtlinien für den Sportunterricht in verschiedenen Bundesländern ist die Mehrperspektivität. Als Beispiel seien die Lehrpläne von Nordrhein-Westfalen herausgegriffen.

„Pädagogische Perspektiven“ (NRW, Lehrpläne Sport):

A: Wahrnehmungsfähigkeit verbessern, Bewegungserfahrungen erweitern
B: Sich körperlich ausdrücken, Bewegungen gestalten
C: Etwas wagen und verantworten
D: Das Leisten erfahren, verstehen und einschätzen
E: Kooperieren, wettkämpfen und sich verständigen
F: Gesundheit fördern, Gesundheitsbewusstsein entwickeln

Die Übersicht führt die Breite der Zielsetzungen des Sportunterrichts vor Augen, die mit einer inhaltlichen Weite einhergeht, und erinnert daran, dass Sportunterricht mehr ist als die Vermittlung von sportartenbezogenen Fähigkeiten.[12]

Für den Sportunterricht mit heterogenen Klassen/Gruppen wird sich dann vorrangig die Frage stellen, wie auf unterschiedliche (motorische) Leistungsmöglichkeiten reagiert werden kann bzw. wie Schülerinnen und Schüler mit unterschiedlichen Voraussetzungen gemeinsam Sport ausüben können.[13]

Nicht vergessen, in der Schule wird Sportunterricht erteilt, der einen Bildungsauftrag und der die Rahmenrichtlinien oder Kerncurricula zu berücksichtigen hat.

Ein inklusiver Sportunterricht muss deshalb immer ...

➔ die individuelle Förderung des einzelnen Schülers sicherstellen,

➔ die fachlichen Angebote so gestalten, dass die Zugangsbarrieren zum Lernen und Üben möglichst gering (tief) gehalten werden (siehe Punkt 7.)

➔ häufig sicher auch methodische und inhaltliche Modifikationen in der Planung und während des Unterrichts selbst vornehmen.

[12] Wurzel, B.: Mehrperspektivischer Sportunterricht in heterogenen Gruppen von nichtbehinderten und behinderten Schülern – Was über „erstbeste Lösungen“ hinausgeht – S. 120 Fediuk, F. (Hrsg.): Inklusion als bewegungspädagogische Aufgabe

[13] Schoo, M.: Spiel mit der Vielfalt – Inklusion und Sportspiele – VDS – Sonderpädagogische Förderung in NRW 1/2011

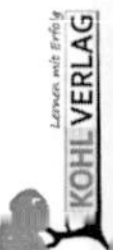

6. Inklusiver Sportunterricht erfordert ein gutes fachdidaktisches Wissen

Die Frankfurter Bildungsforscherin Mareike Kunter ist dem Geheimnis guter Pädagogen seit vielen Jahren auf der Spur. Für das Max-Planck-Institut für Bildungsforschung untersuchte sie, welche Lehrerkompetenzen sich im Fach Mathe positiv auf die Unterrichtsqualität auswirken. Entscheidend, so das Ergebnis der Studie, sind das fachdidaktische, also lehrmethodische Wissen. Je mehr eine Lehrkraft darüber weiß, wie Fachinhalte verfügbar gemacht werden können, desto herausfordernder erleben Schüler den Unterricht.[14]

Diese Aussage kann man ohne Bedenken auch auf den Sportunterricht übertragen, das heißt:

Je mehr die Sportlehrkraft von „Motorik, Bewegung, Spiel und Sport" versteht, je größer ihre Fachkompetenz ist, desto eher werden ihr kreative Inhalte und Lösungsvorschläge einfallen, **um dem leistungsschwächeren, dem motorisch nicht so erfahrenen oder dem behinderten Schüler durch alternative und variantenreiche Aufgaben die aktive Teilhabe am Sportunterricht zu ermöglichen und zu Erfolgserlebnissen zu verhelfen.**

Ein inklusiver Sportunterricht stellt wesentlich höhere Anforderungen an die Sportlehrkräfte. Das einmalige Ausarbeiten eines Konzeptes und eines Organisationsrahmens, das Zusammenstellen einer methodischen Reihe sowie die Auswahl von Übungen usw. reichen in der Regel nicht aus, um allen Schülern gerecht zu werden – es ist je nach Themenstellung immer wieder anders.

Die Erwartungen an die Vermittlungskompetenzen, das Finden und Anbieten alternativer Lösungsvorschläge und natürlich pädagogisches Gespür sind in einem inklusiven Sportunterricht ganz wichtig.

Von Lehrern wird erwartet, dass sie den persönlichen Entwicklungsstand und das Lernverhalten ihrer Schüler nicht nur umfassend feststellen/beobachten und bewerten, sondern auch **maßgeschneiderte Lernangebote** dafür entwickeln.
Die Sportlehrkraft muss in der Lage sein, die jeweilige individuelle Situation des Schülers zu erkennen und den Lern- und Übungsprozess variabel zu gestalten und zu modifizieren.

Ein gemeinsamer Unterricht in heterogenen Gruppen weist eine enge Wechselbeziehung zwischen Sozial-, Fach- und Methodenkompetenz auf und stellt hohe Anforderungen an die pädagogische Kompetenz und die Empathie der Lehrkraft (Personalkompetenz).

[14] Klasse Lehrer – Was Lehrer heute wirklich leisten müssen – Focus 41/11 vom 10. Oktober 2011

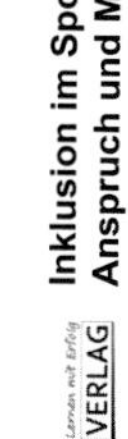

7. Angebote ohne Barrieren bereitstellen

Ein inklusiver Sportunterricht muss Angebote bereitstellen, der die Zugangsbarrieren zum Lernen und Üben möglichst gering hält.

Was ist damit konkret gemeint?

Die ersten Übungen – die sogenannten Einstiegsübungen – müssen so ausgewählt werden, dass unter Beachtung der Zielsetzungen auch leistungsschwächere Schüler bzw. Schüler mit Behinderungen die Übung ausführen können und damit zu Erfolgserlebnissen kommen. „Ich kann das!“ – „Wie geht es weiter?“ „Was kommt jetzt“ usw..

Exemplarische Beispiele:

Die hier genannten Beispiele erheben keinen Anspruch auf Vollständigkeit, sondern stellen nur Anregungen dar, die entsprechend des jeweiligen Schülers/der jeweiligen Gruppe ergänzt bzw. modifiziert werden müssen.

Ziele: Kräftigung der Beinmuskulatur und Schulen der Koordination

Grundform: Aus dem Stand Schlusssprünge auf die Sitzfläche der Turnbank

So wird es leichter ...	So wird es schwerer ...
Auf- und Absteigen an der Turnbank	Schlusssprünge auf einen kleinen Kasten *(Abb. 26)*
Auf- und Absteigen an einem Kastendeckel (geringere Höhe)	Schlusssprünge über die Turnbank
Handfassung, die Schüler stehen sich gegenüber, die Turnbank steht dazwischen. Schüler A steigt auf die Bank, Schüler B geht etwas zurück; Schüler A steigt vorsichtig rückwärts ab, Schüler B geht vor und steigt auf die Bank usw. (*Abb. 25)*	Stand auf der Turnbank, Sprung in den Grätschstand, Zwischenhüpfer und sofortiger Schlusssprung auf die Sitzfläche der Turnbank usw. *(Abb. 27)*

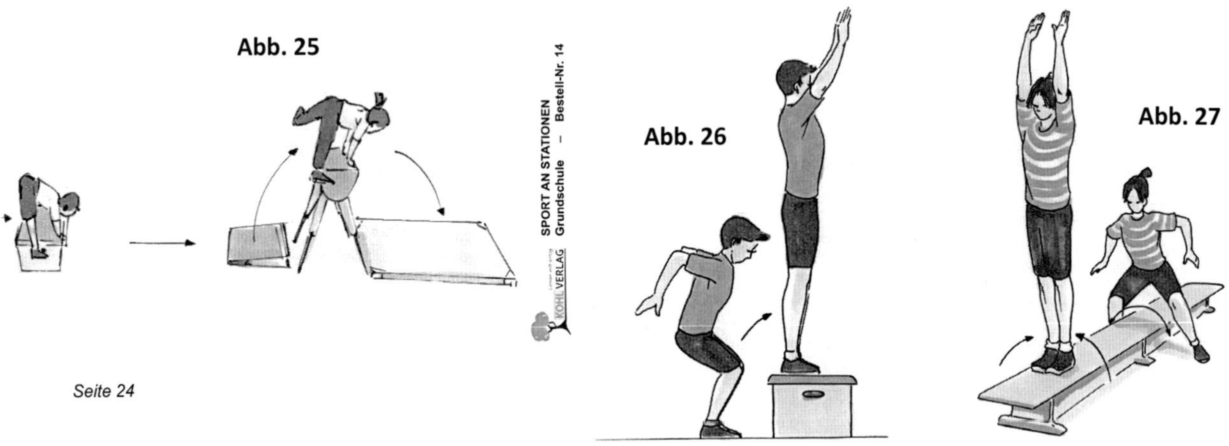

Inklusion im Sportunterricht
Anspruch und Möglichkeiten – Bestell-Nr. 11 308
KOHL VERLAG

Theorie/Wissenswertes zum Nachlesen

<u>Ziele</u>: Anwenden der Grundtätigkeiten Balancieren und Schulen der Gleichgewichtsfähigkeit

<u>Grundform</u>: Balancieren über den Balken der umgedrehten Turnbank

So wird es leichter ...	So wird es schwerer ...
Balancieren über eine aufgezeichnete Linie in der Sporthalle	Balancieren über den Balken mit Tragen eines Medizinballes auf dem Kopf
Balancieren über ein ausgelegte dickes Tau	Balancieren zu zweit mit Handfassung – ein Schüler geht vorwärts – der andere geht vorsichtig rückwärts
Balancieren über die Sitzfläche der Bank mit Handfassung – der Helfer geht dabei neben der Bank	Balancieren über den Balken – die Bank liegt mit der Sitzfläche auf zwei kleinen Kästen
Balancieren über die Sitzfläche der Bank	Balancieren über den ansteigenden Balken – eine Seite der Bank liegt mit der Sitzfläche auf einem kleinen Kasten
Balancieren zu zweit mit Handfassung – ein Schüler geht vorwärts – der andere geht vorsichtig rückwärts	Balancieren hinauf und balancieren abwärts über parallel liegende Reckstangen. Die Reckstangen liegen mit den Enden auf einem kleinen Kasten *(Abb. 28)*

Mögliche Organisationsformen

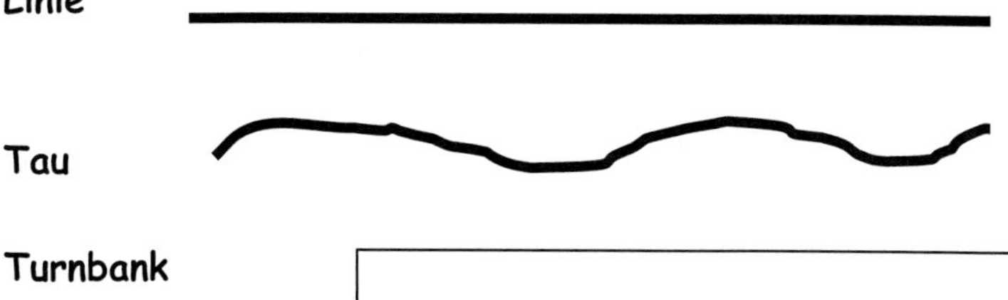

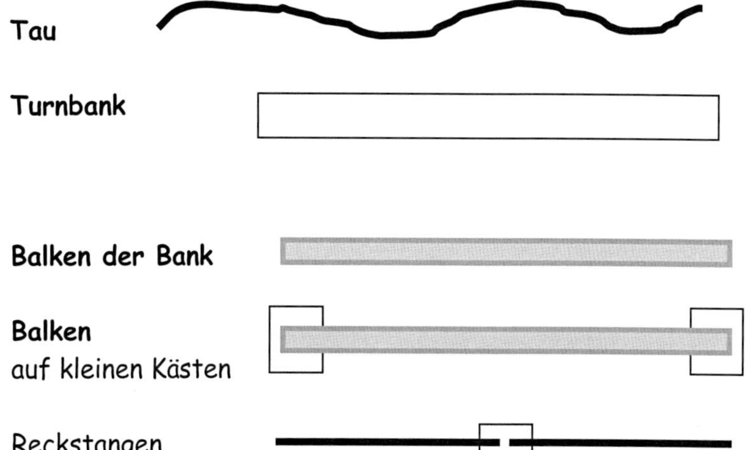

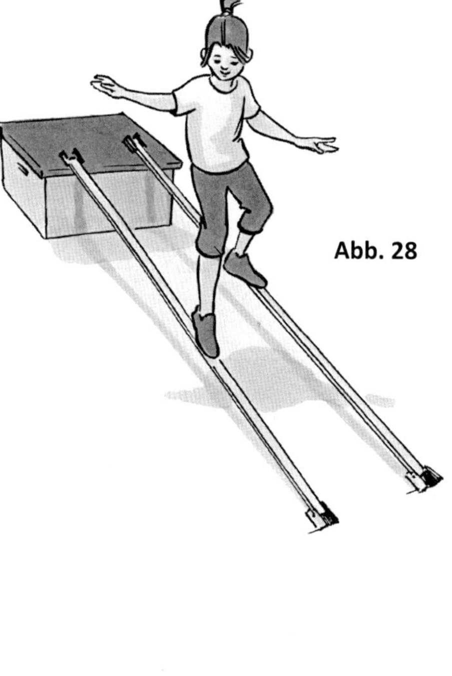

Abb. 28

8. Überlegungen zur praktischen Umsetzung im „ganz normalen Sportunterricht"

Pädagogisches Ziel muss es sein, einem gemeinsamen Lernen und Üben von Schülern mit unterschiedlichen persönlichen Voraussetzungen, Vorerfahrungen, Fähigkeiten und Fertigkeiten gerecht zu werden. Der alltägliche Sportunterricht bietet viele Möglichkeiten der Umsetzung, stellt aber auch besondere Anforderungen an die Lehrkräfte hinsichtlich der Aufsichtspflicht, da sich gleichzeitig viele Schüler mit unterschiedlichen Aufgabenstellungen und evtl. mit/an unterschiedlichen Geräten bewegen.

Damit die Bedürfnisse aller Schüler befriedigt werden können, benötigt Inklusion eine weitgehende flexible Anwendung unterschiedlicher Unterrichtsmethoden, Lehr- und Lernwege, Belastungsvarianten und differenzierende Maßnahmen.

Gut gesagt und gut gemeint, aber ... wie lässt sich das im „ganz normalen" Sportunterricht ...

- ... mit seinen ganz besonderen Bedingungen, z.B. ganz andere Bedingungen (Halle, Sportplatz, Umkleideräume, keine festen Plätze, Schüler wollen sich austoben, schnell erreichbare Geräte, Lärm, schlechte Akustik, Ansagen und Aktivitäten usw.) umsetzen und verwirklichen?

8.1 Methodische und inhaltliche Modifikationen vornehmen

- Beispiel: Regeländerungen

  Spielfeld verkleinern, mit „weichen Bällen" spielen, das Gerät höher bzw. niedriger stellen, bei Ballspielen 1x oder 2x getroffen werden, bei manchen Fangspielen auf einem Bein hüpfen usw..

- Beispiel: Themenorientiertes Üben

  Gemeinsam eine Bewegungslandschaft erstellen und später daran üben, diese überwinden – je nach Möglichkeiten, z.B. einer geht auf allen Vieren über die Barrenholme, ein anderer stützt sich durch die Holmengasse usw. oder gemeinsam eine „Walze" erstellen und ausprobieren ... *(Abb. 29).*

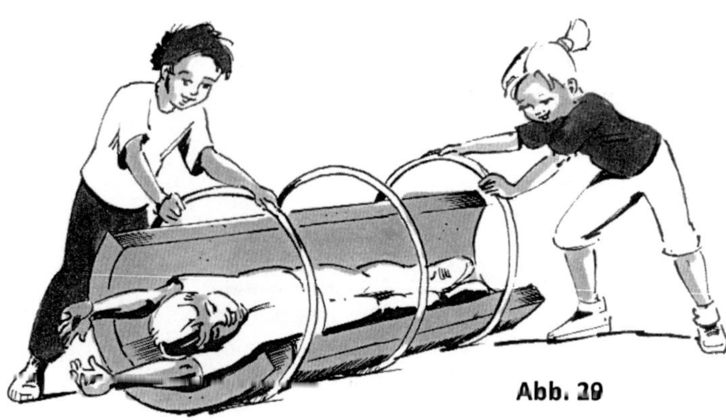
Abb. 29

Theorie/Wissenswertes zum Nachlesen

• Beispiel: Materialvariationen bei gleichem Thema

Werfen gegen die Wand mit Tennisball, Softball, Gymnastikball, Medizinball – mit unterschiedlichen Abständen etc..

• Beispiel: Differenzierung innerhalb einer Aufgabe

- Gehen vorwärts beliebig (freie Raumwege)
- Gehen rückwärts
- Gehen seitwärts
- Gehen mit einem Partner (Handfassung) seitwärts oder einer vor-, einer rückwärts
- Gehen um und/über Geräte (Bänke, Matten, kleine Kästen, Kastenteile usw.
- Gehen mit Tragen von Handgeräten (Bälle, Reifen, Stäbe, Reifen usw).
- Gehen auf der Bank und Prellen des Balles auf der Bank oder auf Boden usw. *(Abb. 30)*

Abb. 30

• Beispiel: Differenzierung durch unterschiedliche Aufgaben

Ballwurf gegen die Wand (einhändiger oder beidhändiger Wurf) – Wurftechnik beliebig – Abstand frei wählen, der Ball sollte wieder gefangen bzw. angenommen werden können.

- Aus dem Stand
- Aus dem Grätsch-, oder Streck- oder Schneidersitz *(Abb. 31)*
- Aus der Bauchlage
- Stand in einem Gymnastikreifen
- Stand auf einem kleinen Kasten *(Abb. 32)*

ıussıg unu myunmiscn geıngı.

häufig Hilfeleistung geben müssen. Evtl. sollten hier auch ›ernehmen.

stentreppe mit anschließender Grätsche über den Bock.

äher an das Sprungbrett herangerückt, so dass man gleich Sprungbrett einspringen muss

Abb. 31

›e mit sofortigem Einsprung auf das Sprungbrett und Bock (Hilfeleistung durch die Lehrkraft).

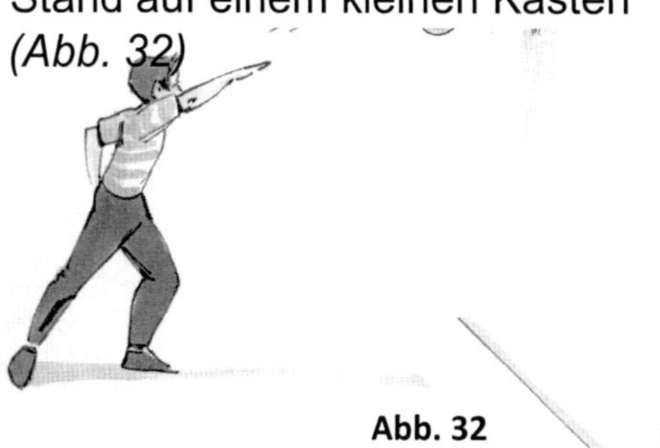

Abb. 32

- Mit dem Rücken zur Wand
- Mit dem Rücken zur Wand durch die gegrätschen Beine usw.

- <u>Beispiel</u>: Stellen von Bewegungsaufgaben

Durch das Stellen von Bewegungsaufgaben (z.B. überwinden der Hindernisbahn – jeder so wie er kann und möchte – mit und ohne Hilfestellung), findet das ***induktive Lehrverfahren*** Anwendung und jeder Schüler muss für sich entscheiden, welche Möglichkeit er dabei anwendet *(Abb. 33).*

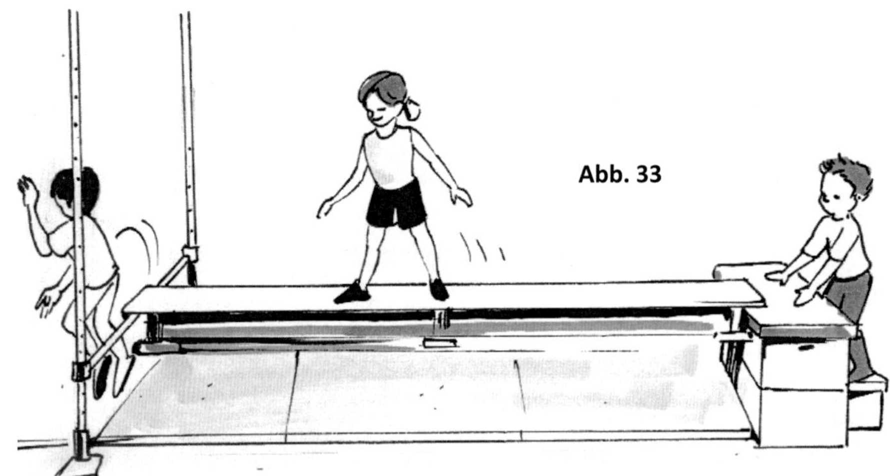

Abb. 33

Induktive Methode: Der Lehrer stellt eine Bewegungsaufgabe: „Überwindet die Hindernisbahn." Die Schüler versuchen die Aufgabe selbstständig zu lösen – jeder nach seinen Möglichkeiten. Der Lehrer beobachtet die Schüler und stellt evtl. später einige Lösungsmöglichkeiten heraus und fordert die Schüler auf, diesen Bewegungsablauf nachzuvollziehen.

Bei der induktiven Methode wird auf eine Sollwert-Vorgabe zu Beginn des Lernprozesses verzichtet. Jeder Schüler durchläuft die Phase des selbstständigen Suchens und Erprobens.

- <u>Beispiel</u>: Belastung variieren und unterschiedlich gestalten

Es ist möglich, die Wiederholungszahl der auszuführenden Übungen zu variieren – 10x, 7x, 5x oder auch die Belastungszeit entsprechend der Voraussetzungen der Schüler flexibel zu handhaben – Übungszeit 1 Minute, 45 Sekunden, 30 Sekunden usw..

Manche Schüler umlaufen das abgesteckte Oval in der Halle 10x, andere nur 7x oder nur 5x usw..

Außerdem können leistungsstärkere Schüler nach dem Ausführen des eigentlichen Bewegungsablaufes evtl. eine Zusatzaufgabe ausführen, damit erhöht sich die Intensität und die Belastungszeit insgesamt.

Jeder akzeptiert die Qualität und die Quantität der Übung des anderen.

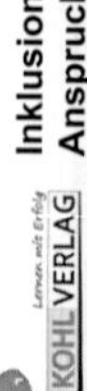

Theorie/Wissenswertes zum Nachlesen

Ganz allgemein sollten außerdem folgende Überlegungen bei der Planung und Durchführung von Sportstunden mit heterogenen Gruppen berücksichtigt werden:

- Schaffen Sie eine „freundliche und angstfreie, motivierende Atmosphäre“.
- Bei allen Spiel- und Übungsformen steht „Bewegung, Spaß und Freude“ im Vordergrund. „Bringen“ Sie das auch sprachlich „rüber“.
- Lassen Sie den Kindern zunächst viel Freiraum zum Ausprobieren und geben Sie evtl. erst später personelle und materielle Hilfen, wenn es zum Gelingen der Bewegungsaufgabe nötig erscheint.
- Loben Sie die Kinder für ihr Bemühen und geben Sie ihnen ein Gefühl der Sicherheit und Akzeptanz auf Augenhöhe (wertschätzender Umgang).
- Die Lehrkraft sollte immer Vorbildfunktion haben und häufig bei den Übungen mitmachen und sich emotional in die Bewegungswelt der Schüler einbeziehen!
- Die Spiel- und Übungsformen sind so auszuwählen oder zu verändern, dass sie dem einzelnen Kind Erfolgserlebnisse ermöglichen. Eine gelungene Übung wiederholt sich leichter und sorgt für ein gutes Selbstwertgefühl!
- Ein fester äußerer Rahmen und einzuhaltende Regeln gibt manchen Kindern ein Gefühl der Sicherheit und macht Mut, sich an Neues heranzuwagen.
- Weisen Sie bei Partner- und Gruppenübungen auf rücksichtsvolles Verhalten und Hilfsbereitschaft hin. Gerade diese „Spiel- und Übungsformen“ müssen auch so „erlebt“ werden.
- Kinder brauchen Orientierung – auch die Schüler, die Regeln boykottieren. Regeln gemeinsam vereinbaren und auch die entsprechenden Maßnahmen bei Regelverstößen festlegen und umsetzen.
- Unterstützen Sie die schöpferischen Aktivitäten der Kinder beim Finden ähnlicher Übungen oder variieren Sie die Aufgaben, um den Kindern die Möglichkeit zu geben, „neue Bewegungsmuster“ zu speichern oder mit schon bekannten Erfahrungen zu vergleichen.
- Lassen Sie sich gelungene Übungen von den Kindern zeigen und erklären (wenn möglich, nicht erzwingen!).
- Kinder mit Behinderung können auch unterstützen – sie sind Experten ihrer Behinderung. So wird voneinander Lernen möglich und es wird soziale Kompetenz gelebt. Anregungen in den Unterrichtablauf aufnehmen, damit wird Wertschätzung auf Augenhöhe gezeigt.
- Im Sportunterricht mit Behinderten (gerade auch mit Körperbehinderten) steht nicht das zu erreichende Lernziel im Vordergrund, sondern der Prozess, der zu diesem Ziel führt. Die Anwendung geeigneter methodischer Verfahren hängt immer auch von der Behinderungsart ab. Und natürlich auch vom Alter und damit von der Einstellung zur sportlichen Betätigung.
- Da das induktive Unterrichtsverfahren die Selbstständigkeit und Selbsttätigkeit des Schülers besonders fordert, sollte dieses Verfahren im inklusiven Sportunterricht besonders berücksichtigt werden.

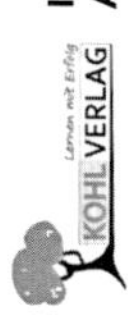

9. Exemplarische Unterrichtsbeispiele

Aus der Vielzahl der möglichen Bewegungsanregungen kann nur eine begrenzte Auswahl angeboten werden, die aber beispielhaft für die angesprochenen Aufgaben und Zielsetzungen stehen.

Die hier genannten Beispiele sollen und können nur exemplarisch die Möglichkeiten des Umgangs mit der Vielfalt und Heterogenität im ganz normalen Sportunterricht veranschaulichen und sind als Anregungen zu verstehen, die evtl. unter Berücksichtigung des jeweiligen Schülers, der jeweiligen Gruppe/Klasse und den örtlichen Gegebenheiten ergänzt bzw. modifiziert werden müssen.

Wichtig ist, dass die Sportlehrkräfte in jeder Situation für neue und individuelle Lösungen offen sind und immer „ihre Schüler" und deren besondere Bedürfnisse im Auge haben. Diese Situationen können in der Gruppe/Klasse A anders als in der altersgleichen Gruppe/Klasse B sein. Wenn die Sportlehrkraft über ein solides und umfangreiches fachdidaktisches und methodisches Wissen verfügt, wird sie in der Regel schneller und besser kreative Lösungen für individuelle Besonderheiten des jeweiligen Schülers finden.

10. Literatur

- Doll-Tepper, G./Schmidt-Gotz; E.: Inklusiver Schulsport – um gemeinsamen Unterricht von Kindern mit und ohne Behinderungen in der Grundschule – Beitrag in Zweiter Deutscher Kinder- und Jugendsportbericht: Schwerpunkt Kindheit, Hofmann Verlag Schorndorf 2008
- Fediuk, f (Hrsg.): Inklusion als bewegungspädagogische Aufgabe, Bewegungspädagogik Band 4, Schneider Verlag Hohengehren , Baltmannsweiler 2008
- Krop, M. / Groenveld, R.: Krücken? Kein Problem
- Kultusministerkonferenz vom 20.10.2011: Inklusive Bildung von Kindern und Jugendlichen mit Behinderungen in Schulen
- Lütgeharm, R.: „Barrierefreies Lernen" im Sportunterricht, Inklusion Anspruch und Möglichkeiten, VBE-Zeitnah – Ausgabe März/April 2011
- Lütgeharm, R.: Die bewegte Schule Bewegung als Therapie für verhaltensauffällige Kinder, Domino Verlag München 2006
- Ministerium für Schule und Weiterbildung, Wissenschaft und Forschung des Landes NRW (Hrsg.) 2001. Richtlinien und Lehrpläne Sport. Sekundarstufe I, Gymnasium. Frechen: Ritterbach
- Reichenbach, C.: Bewegungsdiagnostik in Theorie und Praxis, Borgmann Media, Dortmund 2006
- Schoo, M.: Spiel mit der Vielfalt – Inklusion und Sportspiele, VDS – Sonderpädagogische Förderung in NRW 1/2011
- Stähling, R.: „Du gehörst zu uns" – Inklusive Grundschule, Band 20 – Basiswissen Grundschule, Schneider Verlag Hohengehren, Baltmannsweiler 2010
- Weichert, W.: Integration durch Bewegungsbeziehungen – S. 55 - Fediuk, F. (Hrsg.): Inklusion als bewegungspädagogische Aufgabe
- Wurzel, B.: Mehrperspektivischer Sportunterricht in heterogenen Gruppen von nichtbehinderten und behinderten Schülern – Was über „erstbeste Lösungen" hinausgeht – S. 123 - Fediuk, F. (Hrsg.): Inklusion als bewegungspädagogische Aufgabe

Zehn exemplarische Unterrichtsbeispiele

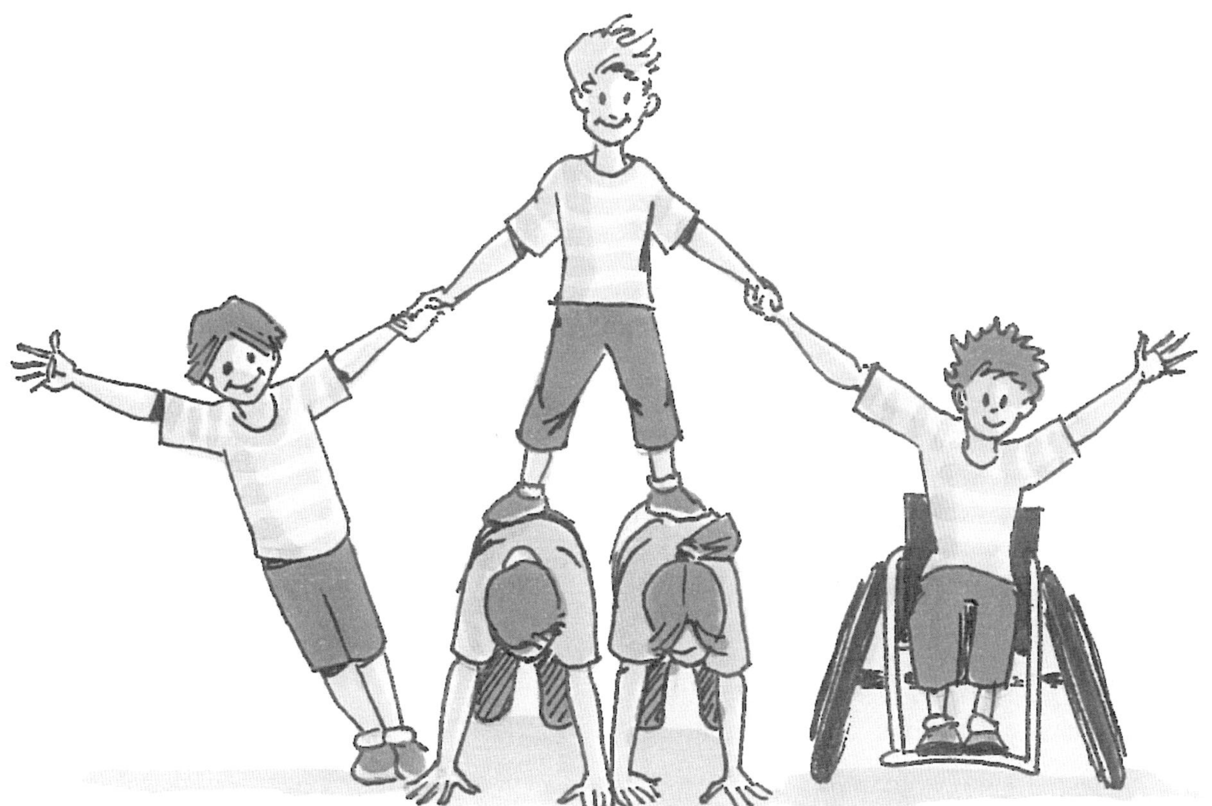

KOHL VERLAG Lernen mit Erfolg
Inklusion im Sportunterricht
Anspruch und Möglichkeiten – Bestell-Nr. 11 308

1 Stäbe

Ziele	• Bewegungserfahrungen erweitern • Sich körperlich ausdrücken, Bewegungen gestalten • Kooperieren, wettkämpfen und sich verständigen
Thema/ Bewegungsangebot	Übungen mit Stäben Erst allein – dann in Dreiergruppen
Förderschwerpunkte	• Heben und tragen • Kraftausdauer und Kräftigung der Schulter- und Armkraft • Anpassungs-, Rhythmus- und Orientierungsfähigkeit
Benötigte Geräte	Für jeden Schüler einen Turnstab aus Holz (ca. 80-100 cm lang), 1 Ziehtau

➔ Hinweise

Im Mittelpunkt dieser Stunde stehen Spiel- und Übungsformen mit dem Turnstab. Diese Sportstunde ist schnell und einfach zu organisieren.
Um auch Hebe- und Trageübungen zu dritt zu ermöglichen, sollte der Stab aus Holz sein. Zunächst wird einzeln damit geübt, später auch in Dreiergruppen.
♿ 👁 Durch die Variationsmöglichkeiten und Auswahl der Übungen kann häufig eine Binnendifferenzierung vorgenommen werden, sodass motorisch schwächere Schüler, Rollstuhlfahrer und sehbehinderte Schüler in der Regel alle Übungsformen mitmachen können und auch die angestrebten Übungswirkungen erzielt werden.

☺ 1. Teil (Erwärmung)

Jeder Schüler erhält einen Turnstab. Alle Übungen mehrmals ausführen lassen.

- „Stabführung“: Gehen vorwärts, mit einer Hand ein Ende des Stabes halten und den Stab in Schräglage vor sich her schieben. Jeder Schüler sucht sich seinen eigenen Übungsweg in Form von Geraden, Achten, Slalom und Kurven *(Abb. 34).*

♿ Der Rollstuhlfahrer klemmt den Stab zwischen die Beine oder zwischen Bein und Rollstuhl.

Keinen anderen Schüler anrempeln oder behindern!

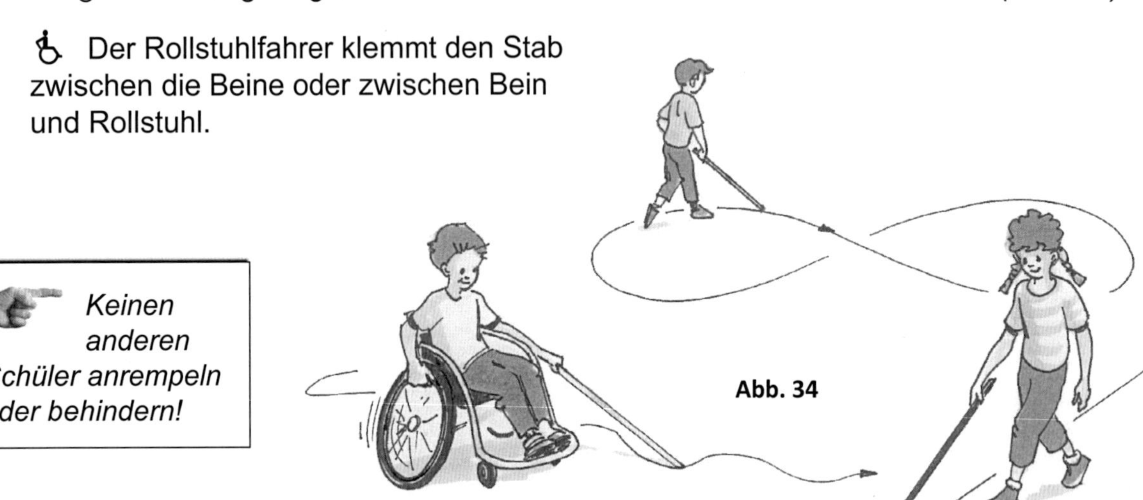

Abb. 34

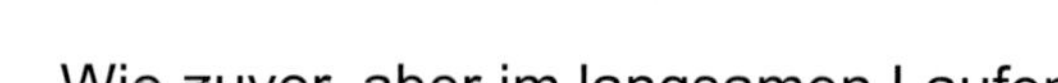

- Wie zuvor, aber im langsamen Laufen.
- Wie zuvor, aber mit der freien Hand einen Partner an der Hand fassen. Wichtig ist nun das Finden eines gemeinsamen Übungsweges. Die Handfassung sollte immer beibehalten werden.

  Der Rollstuhlfahrer benötigt beide Hände für die Fortbewegung. Der Partner fasst an den Rollstuhl oder an die Schulter.

Jeder Schüler sucht sich einen freien Platz in der Sporthalle.

- Im Stand balancieren des Stabes auf dem Handteller oder Handrücken. Beidseitig üben.
- Wie zuvor, aber dabei langsam vor- und rückwärts gehen.
- Mit dem ausbalancierten Stab hinsetzen oder wieder aufstehen.

  Den Stab auf eine Handfläche legen und mit der anderen Hand den Rollstuhl bewegen.

- Nur eine Hand erfasst den Stab am oberen Ende. Versuchen, ohne die Hand vom Stab zu lösen, sich zwischen Stab und Arm durchzuwinden.

  Den waagerecht gehaltenen Stab leicht etwas nach oben werfen und mit beiden Händen wieder auffangen.

- Den senkrecht gehaltenen Stab einarmig vor dem Körper zur anderen Seite werfen und dort mit der anderen Hand auffangen. Ständig hin und her werfen.

  Den Stab vor dem Körper von einer Hand in die andere Hand übergeben. Hin und her.

- Mit dem senkrecht gehaltenen Stab einen Rhythmus auf den Boden klopfen. Einen gemeinsamen Rhythmus finden.
- Wie zuvor, aber die Hälfte der Gruppe klatscht einen Rhythmus mit den Händen, die andere Gruppe schlägt einen Rhythmus mit dem senkrecht gehaltenen Stab *(Abb. 35)*.

Übergang zum Hauptteil

Die Jungen der Klasse klopfen einen Rhythmus mit dem Stab auf den Boden, die Mädchen führen dazu wahlweise Schlusssprünge, Hampelmannsprünge oder Schrittwechselsprünge aus

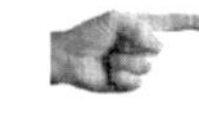

Nach ca. 20 Sekunden Wechsel der Aufgaben.

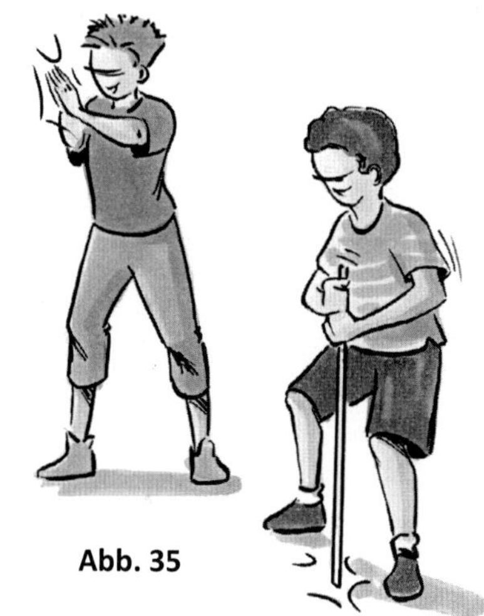

Abb. 35

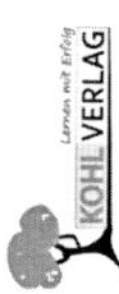

2. Teil (Hauptteil)

A. Übungen zu Dritt mit Stäben

Es werden Dreiergruppen gebildet, wobei darauf zu achten ist, dass in etwa gleichstarke (gleichschwere und gleichgroße) Schüler eine Gruppe bilden. Hier muss der Lehrer evtl. helfend erklärend eingreifen.
Pro Gruppe wird nur noch ein Turnstab benötigt, später aber auch zwei Turnstäbe pro Gruppe. Die Übungsstrecke beträgt ca. 10 bis 15 Meter, ist natürlich immer von den örtlichen Gegebenheiten abhängig. Es wird klar angesagt: „Bis zur roten Linie oder bis zu den Markierungshütchen, dann wird gewechselt."
Nie die Ansage aussprechen: „Bis zur Wand!"

♿ Der Rollstuhlfahrer kann den Stab seitlich auf den Rollstuhl auflegen und ist damit ein wichtiger „Träger" bei den Übungen.

👁 Durch den ständigen Kontakt (Handfassung) mit dem Stab oder den Mitschülern kann das sehbehinderte Kind alle Aufgaben ohne Probleme erfüllen.

A. 1 Übungen zu Dritt mit einem Stab

Schüler A und B halten den Stab zwischen sich in Hüfthöhe.

- „Fünfbeinlaufen" vorwärts mit Stab: Schüler C stellt sich hinter den Stab, hängt ein Bein ein, legt die Hände auf die Schultern von Schüler A und B. So laufen sie zur anderen Seite, dort wird gewechselt *(Abb. 36)*.

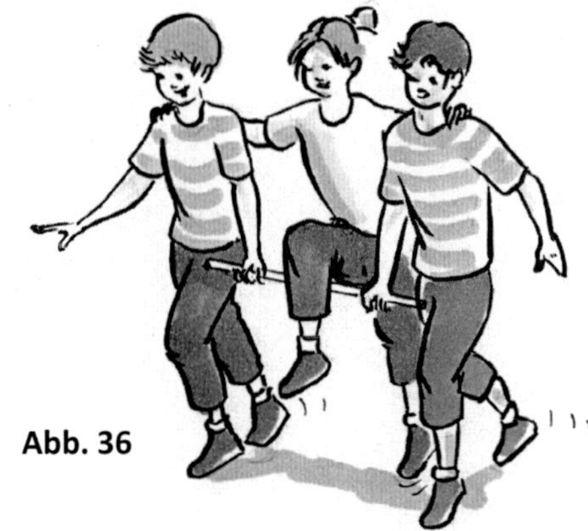

Abb. 36

> *Grundsätzlich muss jeder Schüler einmal die mittlere Position am Stab eingenommen haben, sodass in der Regel immer drei Durchgänge ausgeführt werden. Diese Regel gilt auch für alle folgenden Übungen. Der Lehrer weist noch einmal auf die Verantwortung jedes einzelnen Schülers hin, das heißt, nicht den Stab „einfach plötzlich loslassen!"*

- Schüler A und B stehen mit Blick in die Bewegungsrichtung und halten den Stab etwa in Hüfthöhe mit beiden Händen jeweils an den Enden. Partner C steht vor dem Stab mit Blick in die Bewegungsrichtung, legt seine Hände auf die äußeren Schultern von A und B und setzt sich auf den Stab und wird so zur anderen Seite getragen. Wechsel *(Abb. 37)*.

Abb. 37

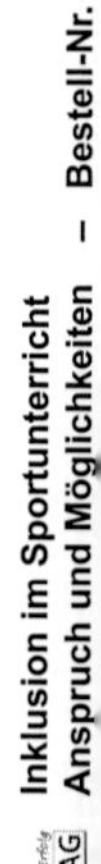

- Schüler A und B halten den Stab mit beiden Händen etwas über Hüfthöhe, C springt vorsichtig in den Stütz und wird so zur anderen Seite getragen; abspringen und wechseln. Jeder Schüler muss einmal in der „Stützposition“ gewesen sein.

  ♿ Die Stäbe können evtl. längs an beiden Seiten des Rollstuhls aufgelegt werden. Es muss eine enge Abstimmung zwischen dem Rollstuhlfahrer und dem hinteren Schüler folgen (gleiches Tempo).

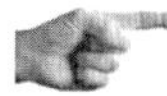

Eine anstrengende Übung, da viel Stütz- bzw. Haltekraft benötigt wird.

Tipp: Für besonders mutige Schüler:

Schüler A und B halten den Stab mit beiden Händen etwas über Hüfthöhe. Partner C hängt sich mit den Knien ein und hält sich rechts und links daneben mit den Händen fest. So wird er langsam im Kniehang zur anderen Seite getragen.

A. 2 Übungen zu Dritt mit zwei Stäben

- Schüler A und B stehen hintereinander und halten die Stabenden mit beiden Händen etwa in Hüfthöhe. Schüler C steigt mittig in die Stabgasse und hängt sich in den Oberarmhang mit gegrätschten Beinen ein. Er wird so zur anderen Seite getragen. Dort wird gewechselt, sodass jeder Schüler einmal „im Oberarmhang“ getragen wird *(Abb. 38)*.

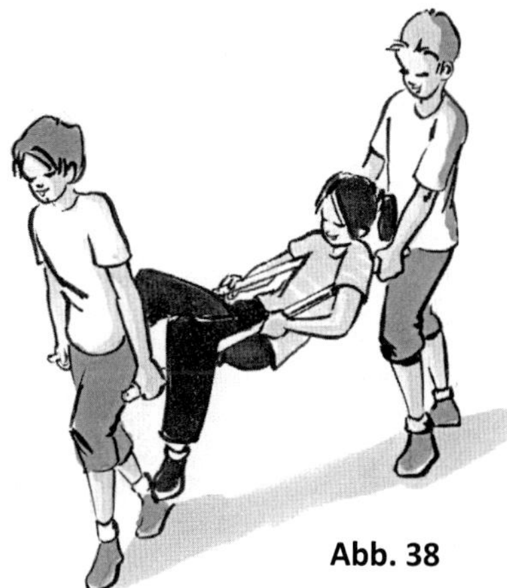

Abb. 38

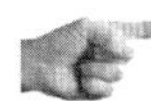

Am Ende der Übungsstrecke die Stäbe langsam absenken, sodass der mittlere Schüler langsam Bodenkontakt mit dem Gesäß bekommt!

- Schüler A und B stehen hintereinander und halten die Stabenden mit beiden Händen etwa in Hüfthöhe. Schüler C steigt mittig in die Stabgasse, springt vorsichtig in den Stütz und wird so zur anderen Seite getragen, abspringen und wechseln. Jeder Schüler muss einmal in der „Stützposition“ gewesen sein *(Abb. 39)*.

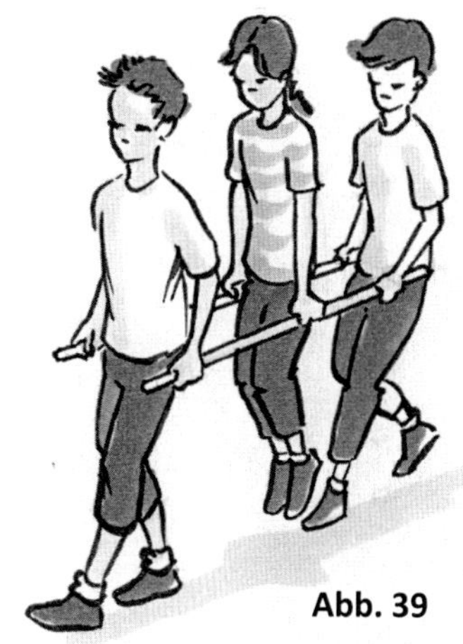

Abb. 39

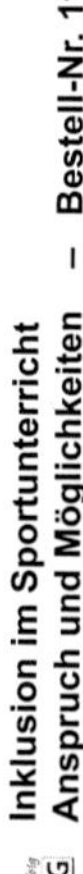

Inklusion im Sportunterricht
Anspruch und Möglichkeiten – Bestell-Nr. 11 308

Der Rollstuhlfahrer hält sich mit den Händen am quer gehaltenen Stab fest und wird so zur anderen Seite gezogen. Die gemeinsame Aktivität steht im Vordergrund.

3. Teil (Schlussteil)

Tauziehen

Die beiden Gruppen stehen sich in Reihe gegenüber und halten das Tau so, dass ein etwa 2 bis 3 m breiter Abstand zwischen den Mannschaften bleibt. Die Übenden jeder Gruppe stehen abwechselnd links und rechts am Tau. Auf ein Zeichen der Lehrkraft beginnt das Ziehen. Sieger ist die Mannschaft, der es gelingt, die Spielfeldgrenze zu erreichen. Das Spiel sofort noch ein- bis zweimal wiederholen.

Der Rollstuhlfahrer und das sehbehinderte Kind reihen sich ganz normal links oder rechts ein. Sie sollten nicht am Anfang oder am Ende stehen. Abstand zum Rollstuhl beachten, sonst fährt er ohne Absicht über die Füße *(Abb. 40)*.

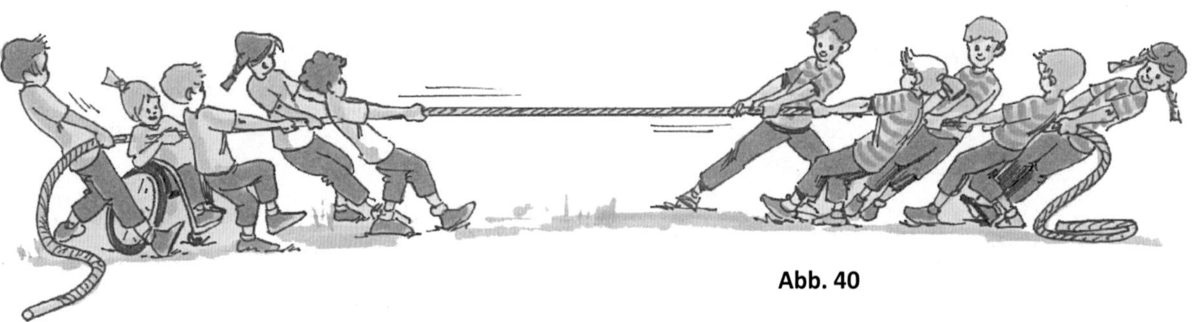

Abb. 40

> *Es hat sich bewährt, die Zielmarkierung ca. 5-10 Meter entfernt durch einen Kegel zu markieren, den der letzte Schüler mit der Hand erreichen muss. In der Halle muss deshalb manchmal über die längere Diagonale gezogen werden.*

Die besten Position des Rollstuhlfahrers ist am Ende der Gruppe.

Die Stäbe werden von den Schülern in Zusammenarbeit mit dem Lehrer an den Lagerungsort zurückgebracht.

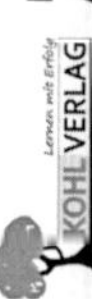

2 Kastenteile

Ziele	• Wahrnehmungsfähigkeit verbessern und Bewegungserfahrungen erweitern • Etwas wagen und verantworten • Kooperieren, wettkämpfen und sich verständigen
Thema/ Bewegungsangebot	Spiel- und Übungsformen mit und an Kastenteilen
Förderschwerpunkte	• Gehen, Laufen, Balancieren, Heben und Tragen • Kraftausdauer und Kräftigen der Hauptmuskelgruppen • Anpassungs-, Antizipations-, Orientierungs- und Gleichgewichtsfähigkeit
Benötigte Geräte	6 Kastenteile, 2 Kastendeckel, 2 Sprungbretter, 6-8 Teppichfliesen, 1 Ball

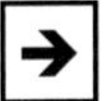

Hinweise

Im Mittelpunkt dieser Stunde stehen Spiel- und Übungsformen mit und an Kastenteilen. Diese Sportstunde ist schnell und einfach zu organisieren.
Die großen Kästen werden vom Lehrer allein oder mit zwei Schülern vorher auseinandergenommen und die Kastenteile bereitgestellt. Bei einem fünfteiligen Kasten ergeben sich 3 Kastenteile und ein Kastendeckel, der nur manchmal benötigt wird, das Fußteil wird nicht eingesetzt und bleibt im Geräteraum stehen.
♿ 👁 Durch die Auswahl und Variationsmöglichkeiten der Übungen kann evtl. eine Binnendifferenzierung vorgenommen werden, sodass motorisch schwächere Schüler, Rollstuhlfahrer und sehbehinderte Schüler in der Regel alle Übungsformen mitmachen können und auch die angestrebten Übungswirkungen erzielt werden.

1. Teil (Erwärmung)

Zu Beginn der Sportstunde werden die Kastenteile in zwei Reihen hintereinander aufgestellt. Der Abstand zwischen den Teilen sollte immer etwa gleich sein und beträgt ca. 2-3 Meter. Die Kastenteile werden so aufgestellt, dass die Eckpfosten den Boden berühren. In jedem Kastenteil liegt eine Teppichfliese.

Die Schüler stellen sich in zwei Gruppen an der Kastenteilreihe auf *(Skizze 1)*.

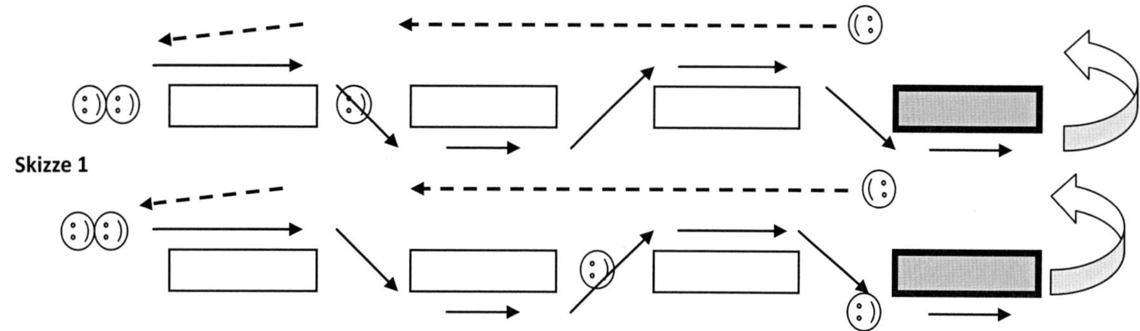

Skizze 1

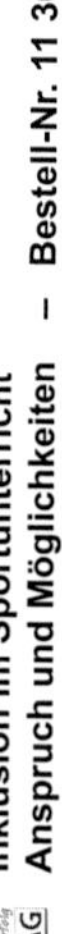

- Mit dem Partner und Handfassung: Gehen oder langsames Laufen im Slalom um die Kastenteile *(siehe Skizze 1)*. Insgesamt 2-3 Durchgänge.

  ♿ Der Rollstuhlfahrer umfährt die Kastenteile im Slalom. Ein Sprungseil wird an den Rollstuhl gebunden, der Partner fasst das Ende des Seils. Diese Übung erfordert eine hohe Anpassungsfähigkeit des Nichtbehinderten an den Weg und das Tempo, das der Rollstuhlfahrer fährt.

  👁 Das sehschwache Kind gewöhnt sich durch die ersten gemeinsamen Durchgänge an den Ablauf.

- Wie zuvor, aber einzeln, 2-3 Durchgänge.

  👁 Das sehbehinderte Kind erhält akustische Hilfen in Form von „hier, hier, hier".

- Zu zweit mit Handfassung: Ein Kind steigt in die Kastenteile wie vor, das andere Kind begleitet unterstützend außerhalb der Kastenteile. Nach einem Durchgang Rollenwechsel vornehmen.

- Allein in jedes Kastenteil hineinsteigen und auf der anderen Seite heraussteigen. Den Kastendeckel beliebig überwinden. Bei dieser Übung werden die Teppichfliesen neben die Kastenteile gelegt.

  ♿ Der Rollstuhlfahrer fährt neben den Kastenteilen her und über die Teppichfliesen (schwerer, weil anderer Untergrund);

  👁 Das sehbehinderte Kind wählt selber, ob es die Übung selbstständig oder mit Hilfestellung (Handfassung) durchführen möchte.

- Mit beiden Füßen in jedes Kastenteil hineinspringen, ein bis zwei Zwischenhüpfer vorwärts im Kastenteil ausführen und auf der anderen Seite wieder herausspringen. Den Kastendeckel beliebig überwinden.

  👁 Das sehbehinderte Kind wählt selber, ob es die Übung selbstständig oder mit Hilfestellung (Handfassung) durchführen möchte.

☺ 2. Teil (Hauptteil)

Die Schüler bilden Dreier oder Vierergruppen, die sich an den Kastenteilen aufstellen. An jeder Seite steht ein Schüler. Der Kastendeckel wird nicht genutzt.

- Zu dritt oder zu viert hintereinander in das Kastenteil stellen und es an der unteren Seite anheben. Nun langsam vorwärts gehen oder laufen, dabei freie Raumwege suchen. Auf Handklatsch des Lehrers wieder an den Ausgangspunkt zurückkommen und das Kastenteil absetzen. Auch gehen rückwärts versuchen.

  ♿ Der Rollstuhlfahrer fährt entweder seitwärts am Anfang oder am Ende der Gruppe *(siehe Abb. 41 auf Seite 39)*.

2 Kastenteile

- Wie zuvor, aber zwischendurch das Kastenteil absetzen, im Kastenteil eine halbe Drehung ausführen, es wieder anheben und weitergehen. Auf Handklatsch wieder an den Ausgangspunkt zurückkommen *(Abb. 41a)*.

♿ Auch der Rollstuhlfahrer führt auf der Stelle eine halbe Drehung aus.

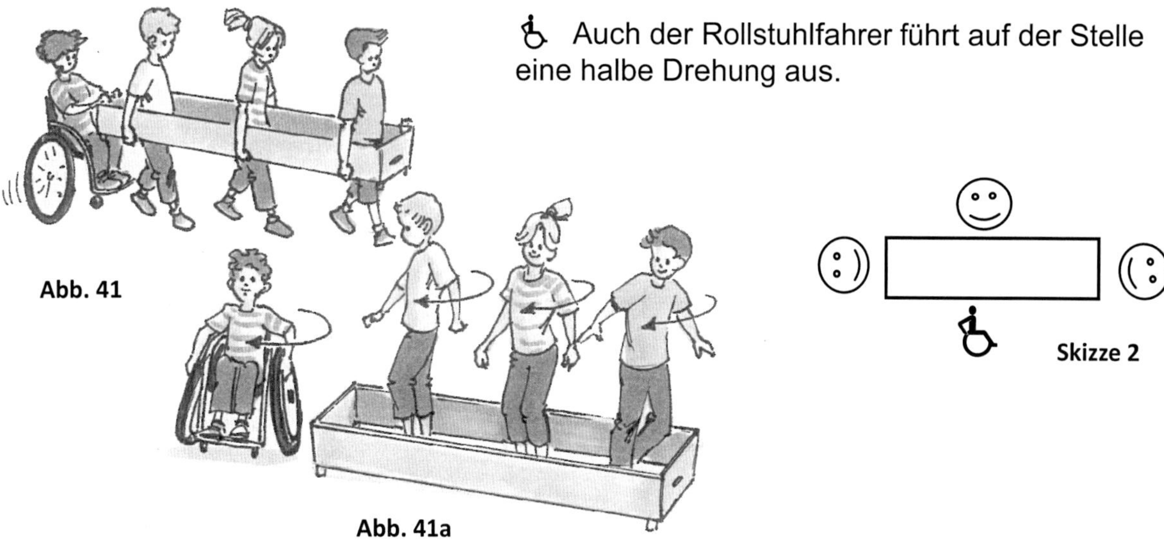

Abb. 41

Abb. 41a

Skizze 2

- Sich um das Kastenteil herum verteilen, z.B. steht an jeder Ecke oder an jeder Seite ein Schüler. Das Kastenteil anheben und mit fast gestreckten Armen und in halber Kniebeuge über Kopf heben und es anschließend wieder vorsichtig auf den Boden abstellen. 3-5x ausführen *(siehe Skizze 2)*.

- Bauchlage: Blick zum Kastenteil, mit fast gestreckten Armen das Kastenteil leicht vom Boden abheben, einen Moment so halten, anschließend wieder vorsichtig auf die Eckklötze absetzen. 3-5x ausführen *(Abb. 42)*.

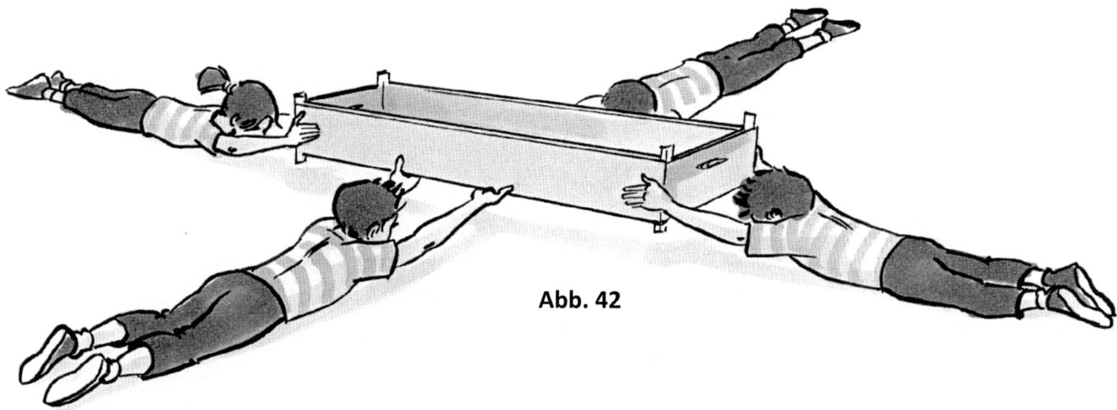

Abb. 42

♿ Der Rollstuhlfahrer fährt während der Übung im Slalom rückwärts (Steigerung) um die Übungsgruppen herum.

KOHL VERLAG
Inklusion im Sportunterricht
Anspruch und Möglichkeiten – Bestell-Nr. 11 308

2 Kastenteile

Die Kastenteile auf die Längsseite stellen.

- Die Schüler sitzen im Strecksitz an den vier Seiten.
  Schmalseiten: Beine anheben und auf der anderen Seite ablegen. 3-5x durchführen.
  Längsseiten: Die Füße in das Kastenteil hinein strecken, danach anhocken und über das Kastenteil führen. 3-5x durchführen, anschließend Rollenwechsel *(Abb. 43)*.

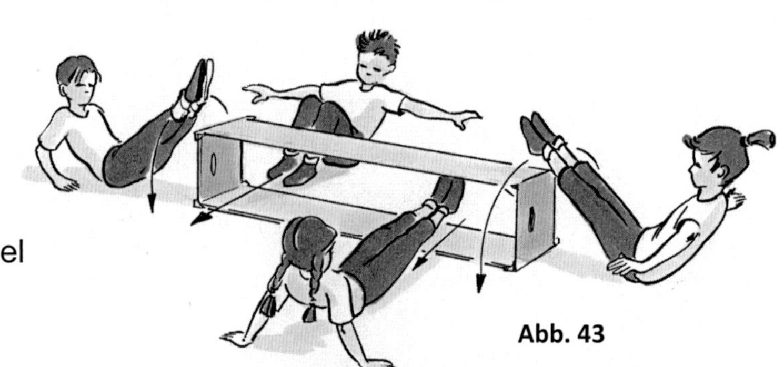

Abb. 43

- Schüler A steigt mit Hilfe von Schüler B und C vorsichtig auf das Kastenteil und balanciert darüber. Auf der anderen Seite langsam absteigen. Rollenwechsel vornehmen, jeder Schüler muss einmal über das Kastenteil balancieren.

> *Die Handfassung bleibt während des Balancierens immer bestehen. Eventuell kann sofort nach dem Aufsteigen Schüler D das Kastenteil etwas sichern und festhalten.*

♿ Der Rollstuhlfahrer fährt während dieser Übung über zwei aneinandergelegte Matten.

- Zwei Kastenteile mit den Eckklötzen nach unten aufeinandersetzen. Auf der körpernahen Längskante sich abstützen und eine Hockwende in die Kastenteile ausführen, einmal zwischenfedern, auf der anderen Längskante stützen und die Hockwende auf die andere Kastenseite ausführen. Immer nacheinander üben *(Abb. 44)*.

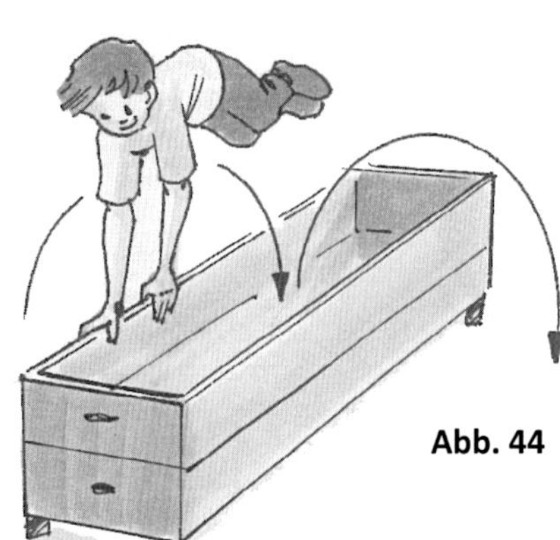

Abb. 44

> *Eventuell kann diese Übung zunächst auch erst einmal an einem Kastenteil geübt werden.*

♿ Der Rollstuhlfahrer wirft mit Druckwurf einen Gymnastik-, Medizin- oder Basketball gegen die Wand und versucht ihn wieder zu fangen.

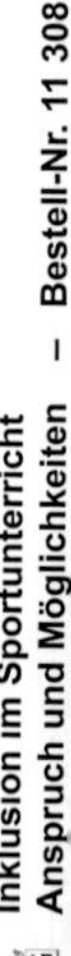

Die beiden aufeinandergesetzten Kastenteile drehen, sodass nun die Eckklötze nach oben stehen. An den schmalen Seiten jeweils einen Kastendeckel als schräge Ebene einhängen.

- Auf dem Kastendeckel nach oben gehen, danach über die Kanten der Kastenteile balancieren und auf dem zweiten Kastendeckel rücklings auf Händen und Füßen nach unten gehen. Zügig nacheinander im Strom üben *(Abb. 45)*.

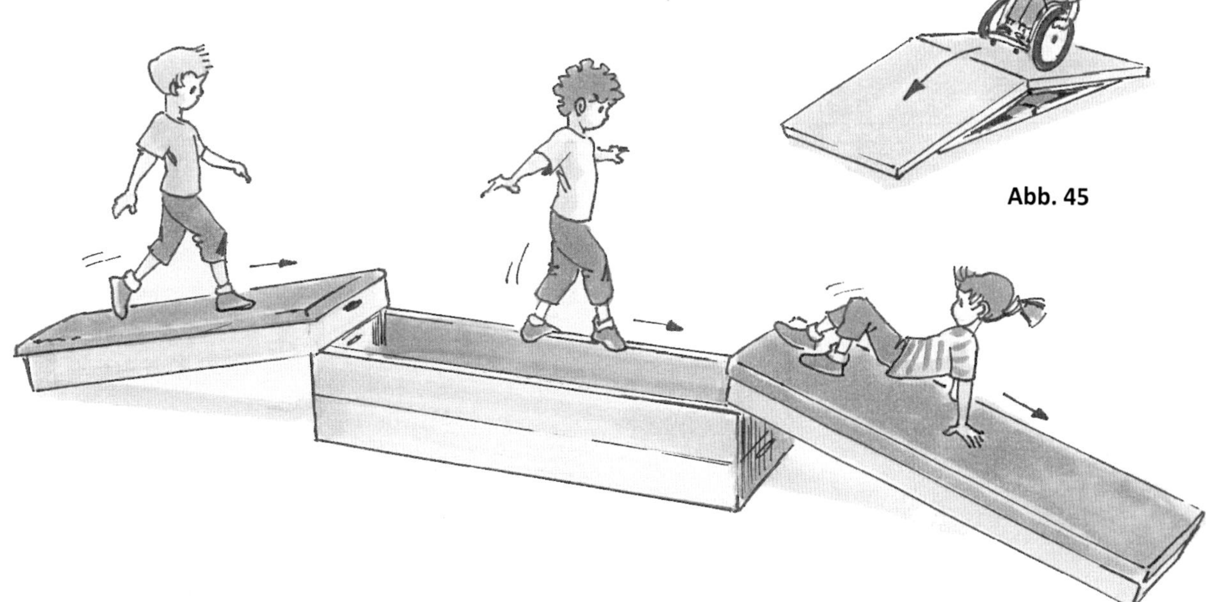

Abb. 45

♿ Der Rollstuhlfahrer fährt über eine schräge Ebene – zwei aneinandergelegte Sprungbretter.

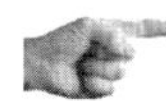 *Alle Geräte werden gemeinsam abgebaut. Für den Schlussteil werden nur noch zwei Kastenteile benötigt.*

3. Teil (Schlussteil)

Es werden zwei Mannschaften gebildet, die sich an einer Startlinie aufstellen.

Die Gruppe setzt über

Vor jeder Mannschaft steht ein quergestelltes Kastenteil mit den Eckklötzen nach unten.
Nach dem Startzeichen des Lehrers springen die ersten vier Schüler in das „Boot", nehmen es mit den Händen auf und laufen gemeinsam (vorsichtig) zu einer ca. 10 Meter entfernten Linie. Dort wird das Kastenteil abgesetzt, zwei der vier Schüler steigen aus und setzten sich an der Linie hin. Die beiden anderen Schüler nehmen das

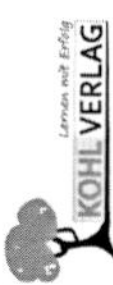

2 Kastenteile

Kastenteil wieder auf und laufen damit zum Ausgangspunkt zurück, um die beiden nächsten Schüler abzuholen. Gewonnen hat die Mannschaft, die zuerst alle Schüler an die Ziellinie gebracht hat.

♿ Der Rollstuhlfahrer fährt seitlich am Kastenteil mit. Die Kinder im Kastenteil müssen sich am Tempo des Rollstuhlfahrers orientieren *(siehe Abb. 45a)*.

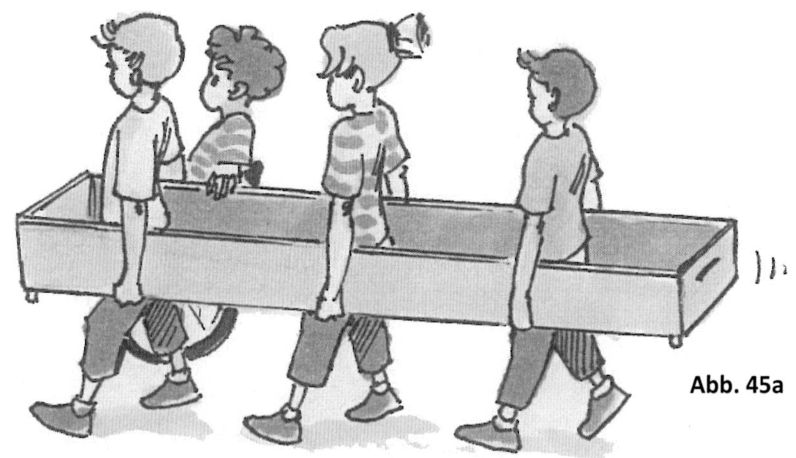

Abb. 45a

> *Beim Laufen sich abstimmen, vorsichtig und miteinander kooperieren, dann geht es am besten. Die Schüler können hintereinander oder auch nebeneinander mit dem Kastenteil laufen (siehe Skizze 3).*

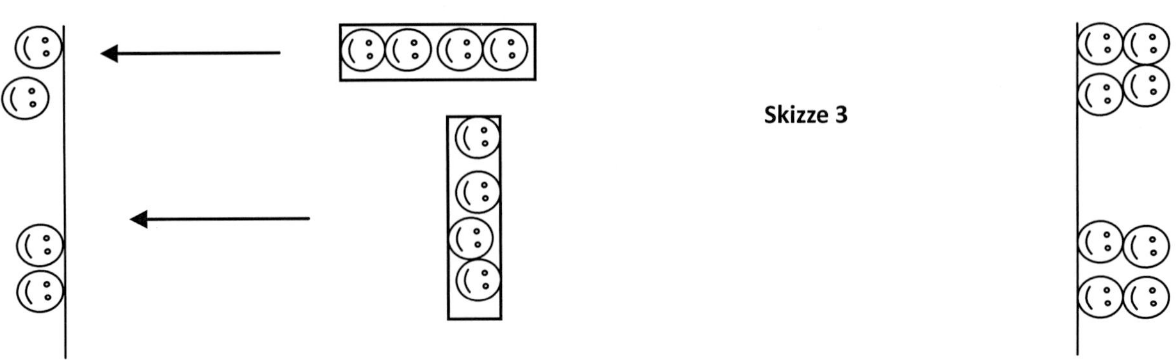

Skizze 3

3 Markierungskegel

Ziele	• Wahrnehmungsfähigkeit verbessern und Bewegungserfahrungen erweitern • Sich körperlich ausdrücken, Bewegungen gestalten • Kooperieren, wettkämpfen und sich verständigen
Thema/ Bewegungsangebot	Spiel- und Übungsformen mit und an Markierungskegeln
Förderschwerpunkte	• Werfen, Fangen, Balancieren • Kraftausdauer und Kräftigung der Hauptmuskelgruppen • Gleichgewichts-, Anpassungs-, Antizipation- und Orientierungsfähigkeit
Benötigte Geräte	10 bis 20 Markierungskegel, einige Gymnastikstäbe, 20 Gymnastikbälle

➔ Hinweise

Diese Sportstunde ist schnell und einfach zu organisieren, da die Spiel- und Übungsformen mit und an Markierungskegeln durchgeführt werden.

Markierungskegel sind meistens ausreichend in jeder Sporthalle vorhanden. Für diese Stunde werden Markierungskegel benötigt, wie sie aus dem Straßenbau bekannt sind und die auch bei Belastung durch ein Gewicht ihre Form behalten. Im Sportfachhandel sind sie in unterschiedlichen Größen und Farben erhältlich.

♿ 👁 Durch die Auswahl der Übungen können Rollstuhlfahrer und sehbehinderte Schüler in der Regel alle Übungsformen mitmachen.

☺ 1. Teil (Erwärmung)

Zunächst werden alle Markierungskegel in einer Reihe mit einem Abstand von ca. 2 bis 3 Metern aufgestellt. Je nach Anzahl der Schüler entstehen dadurch zwei Reihen *(siehe Skizze 4)*.

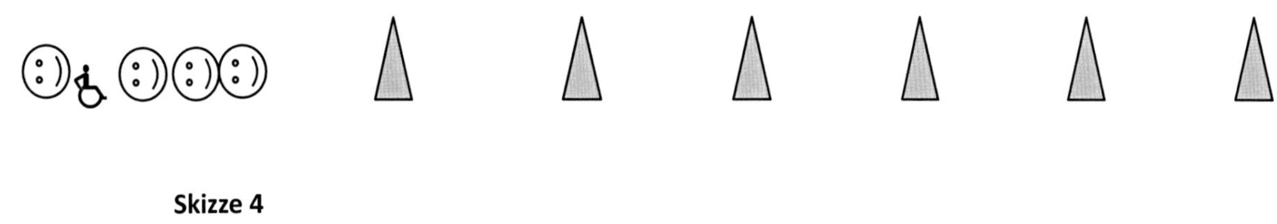

Skizze 4

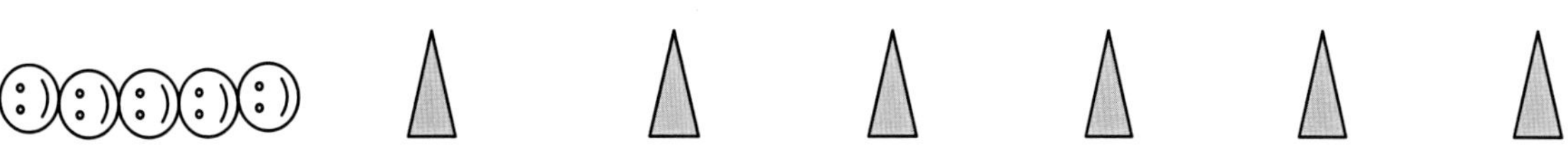

Inklusion im Sportunterricht Anspruch und Möglichkeiten – Bestell-Nr. 11 308
KOHL VERLAG

- Im Slalom um die Markierungskegel herumgehen oder -laufen. Außen zurück zum Ausgangspunkt. Mehrere Durchgänge.

  Der Rollstuhlfahrer fährt im Slalom durch die Reihe oder Markierungskegel.

  Das sehbehinderte Kind führt die Aufgaben eventuell mit Handfassung zu zweit durch oder erhält einen Stab, um die Markierungskegel abzutasten.

- Wie zuvor, aber beliebiges Hüpfen im Slalom um die Markierungskegel.

  Mit dem Rollstuhl rückwärts Slalom fahren.

  Das sehbehinderte Kind versucht das Tempo zu steigern.

- Wie zuvor, aber mit Vierfüßlergang.

  Mit dem Rollstuhl engere Kurven fahren.

- Zu zweit mit Handfassung im Slalom um die Markierungskegel gehen oder laufen.

  Der Rollstuhlfahrer wird gezogen, der Partner geht dazu rückwärts; der Rollstuhlfahrer muss dabei Körperspannung im Oberkörper aufbauen!

Jeder Schüler bekommt nun seinen Markierungskegel und stellt ihn in der Sporthalle ab. Dabei auf ausreichenden Abstand zum Mitschüler achten.

2. Teil (Hauptteil)

Übungen allein mit und an dem Markierungskegel

- Den Markierungskegel mit der Spitze nach oben und fast gestreckten Armen vor dem Körper in Schulterhöhe halten. Loslassen und ihn möglichst wieder fangen, bevor er auf den Boden fällt. Mehrere Male versuchen.

- Wie zuvor, aber wer schafft es, den Markierungskegel erst kurz vor dem Boden zu fangen?

  Den Kegel über Schulterhöhe mit gestreckten Armen halten und ihn auffangen, kurz bevor er in den Schoß fällt.

  Das sehbehinderte Kind wirft den Kegel so hoch wie es kann, um ihn dann wieder aufzufangen mit den Handflächen (geringe Höhe).

- Den Markierungskegel auf den Kopf setzen und danach langsam in den Sitz kommen und wieder aufstehen *(siehe Abb. 46 auf der nächsten Seite)*.

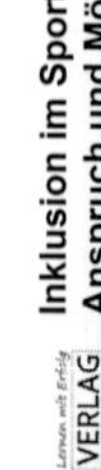

3 Markierungskegel

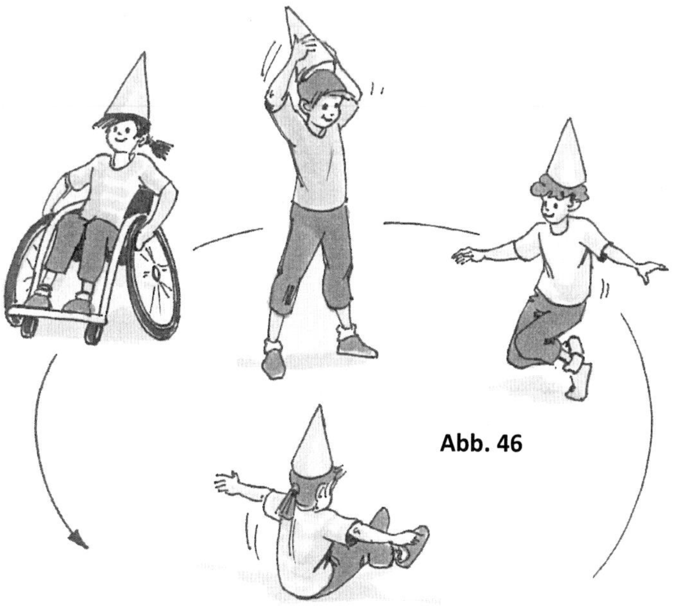

♿ Der Rollstuhlfahrer fährt mit dem Markierungskegel auf dem Kopf im Slalom um die Mitschüler.

- Wie vor, wer schafft es auch in die Rückenlage zu kommen, ohne den Markierungskegel zu verlieren?

Abb. 46

- Hocksitz: Den Markierungskegel zwischen die Füße stellen. Mit den Füßen (gebeugte Knie) den Kegel anheben, einen Moment in der Luft halten und ihn anschließend wieder auf den Boden absetzen. 3-5x ausführen *(Abb. 47)*.

♿ Der Rollstuhlfahrer nimmt den Kegel in beide Hände und setzt ihn von links nach rechts neben seinen Rollstuhl auf den Boden. Dabei nehmen die Hände den Weg über den Kopf mit gestreckten Armen.

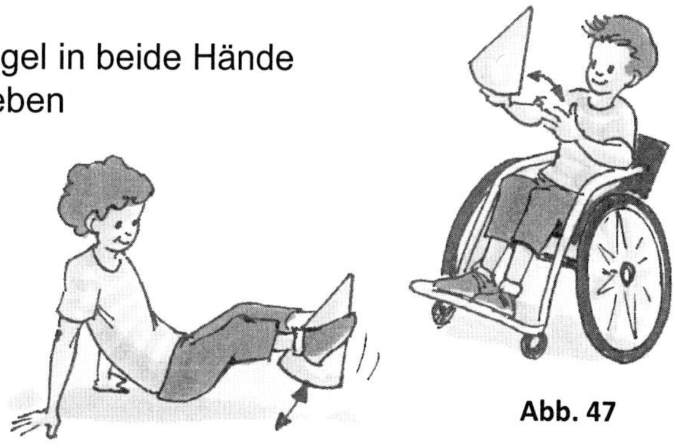

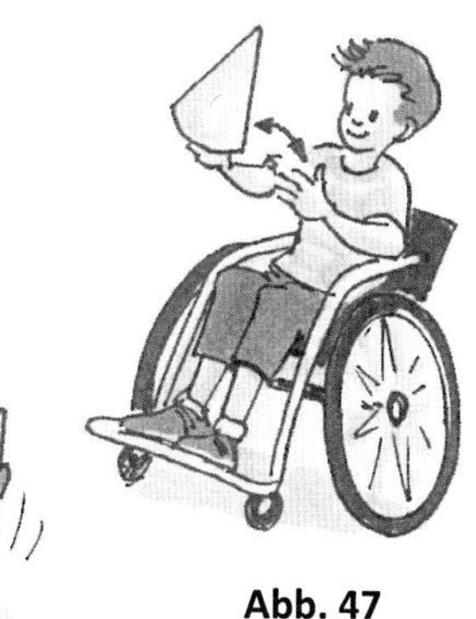

Abb. 47

Übungen in Kleingruppen

- Zu zweit: Einen Markierungskegel zwischen sich halten. Aufeinander zugehen und den Kegel mit gestreckten Armen hoch über den Kopf heben, dabei sich insgesamt strecken. Einen Moment so bleiben, dann wieder zurückgehen und den Kegel bis in die halbe Kniebeuge absenken.

  ♿ Damit auch der Rollstuhlfahrer die Arme nach oben strecken kann, übt er mit einem kleinen Schüler oder mit einem größeren Partner, der in den Kniestand geht.

- Zu dritt: Zwei Markierungskegel mit geringem Abstand nebeneinander aufstellen. Partner A steigt mit Unterstützung von Schüler B und C erst auf einen und dann sofort auf den zweiten Kegel, sodass auf jedem Kegel ein Fuß steht. Jeder Schüler muss einmal auf beiden Kegeln gestanden haben.

> *Eventuell einen Moment ohne Hilfe im leichten Grätschstand auf den beiden Kegeln stehen, dann wieder mit Hilfe der beiden anderen Schüler abspringen oder absteigen.*

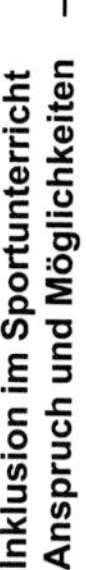

Der helfende Schüler sagt dem sehbehinderten Kind, wohin es den Fuß setzen soll, damit es ein Gefühl dafür bekommt.

Der Rollstuhlfahrer balanciert einen umgedrehten Kegel auf seiner Hand. Eventuell sogar dabei leicht vorwärts fahren. Beidseitig üben.

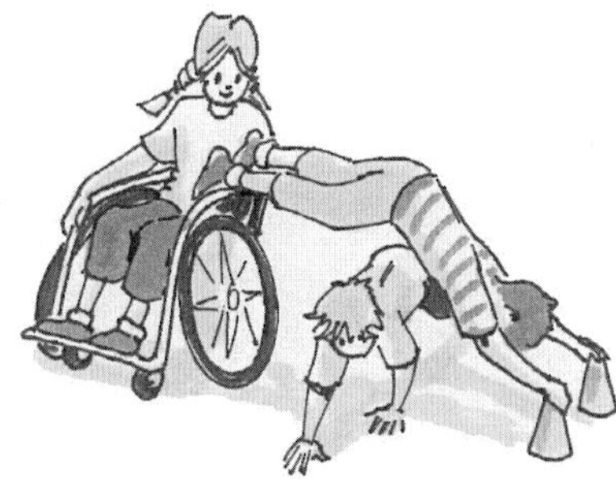

- Zu viert: Es werden vier Markierungskegel zu einem Viereck zusammengestellt. Ein Schüler bildet mit den Händen und Füßen eine hohe Brücke auf den vier Kegeln.
  Die anderen Schüler laufen auf Händen und Füßen unter dieser Brücke hindurch oder im Slalom um die Kegel. Rollentausch vornehmen *(Abb. 48)*.

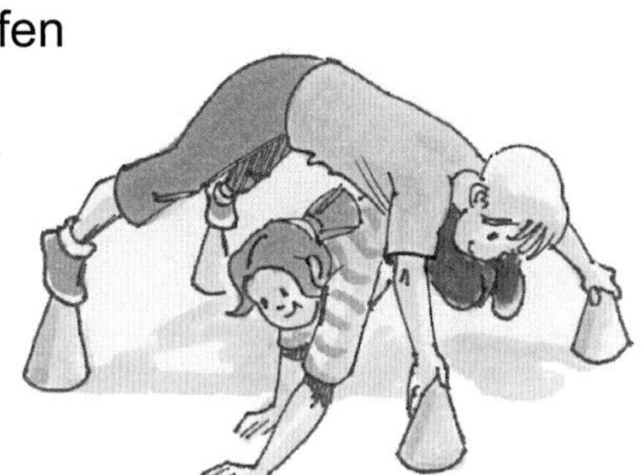

Abb. 48

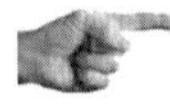 *Der Schüler, der dir Brücke bildet, wird beim Auf- und Absteigen von den anderen Schülern unterstützt. Anfangs eventuell sogar durch den Lehrer.*

Der Rollstuhlfahrer kann zwei Kegel ersetzen, das heißt, die Füße des Schülers liegen seitlich auf seinem Rollstuhl, die Hände stützen sich auf zwei Kegel ab.

- Zu viert: alle Schüler gehen in die Bauchlage und fassen den in der Mitte stehenden Kegel mit fast gestreckten Armen. Nun gemeinsam den Kegel etwas anheben, einen Moment so bleiben und dann wieder absetzten. 3-5x wiederholen.

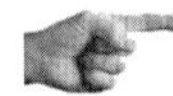 *Der Blick geht zum Boden, immer weiter atmen, keine Hohlkreuzhaltung!*

Der Rollstuhlfahrer fasst mit beiden Händen einen Kegel und streckt die Arme nach vorn in die Waagerechte, einen Moment so bleiben, dann die Arme wieder beugen. 3-5x wiederholen.
Um die Belastung zu erhöhen, kann in den umgedrehten Kegel ein Gymnastikball gelegt werden.

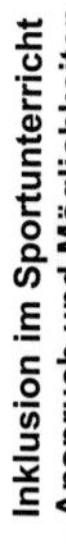

Inklusion im Sportunterricht
Anspruch und Möglichkeiten – Bestell-Nr. 11 308

3 Markierungskegel

Gymnastikstäbe werden auf zwei im entsprechenden Abstand stehende Markierungskegel gelegt. Die so entstehenden Hindernisse werden in Reihe hintereinander aufgebaut, Abstand zwischen jedem Hindernis ca. 2-3 Meter.

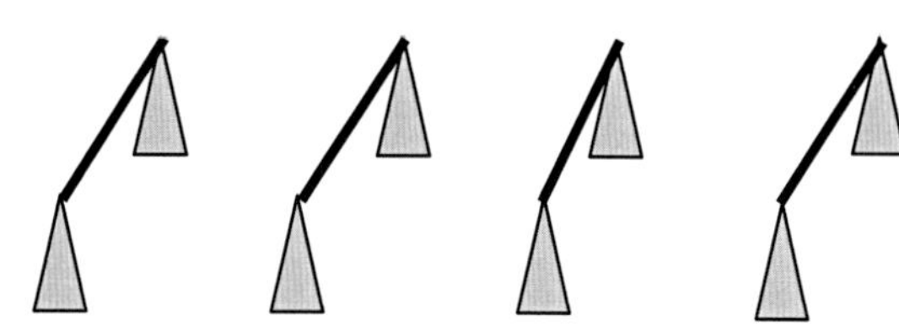

- Unter den Stäben durchkriechen, ohne dabei die Stäbe zu berühren.

  ♿ Der Rollstuhlfahrer rollt einen Basketball unter den Stäben her und fährt dabei seitlich an den Kegeln vorbei.

- Mit Handfassung: Schüler A steigt über die Stäbe und Schüler B geht neben den Hindernissen und unterstützt dabei.

  ♿ Der Rollstuhlfahrer prellt einen Basketball 1x in den Zwischenräumen, während er neben den Stäben herfährt.

- Allein ohne Hilfe über die Stäbe steigen.

  ♿ Der Rollstuhlfahrer führt die gleiche Übung durch, aber zur anderen Seite.

- Im Schlusssprung über die Stäbe springen.

- Wie zuvor, aber in einem bestimmten Rhythmus, z.B. Schlusssprung – 2x *(Abb. 49)*. Zwischenhüpfer und erneuter Schlusssprung usw.. Mehrere Durchgänge.

Abb. 49

  👁 Das sehbehinderte Kind wählt selber, ob es die Übung selbstständig oder mit Hilfestellung (Handfassung) durchführen möchte

  ♿ Der Rollstuhlfahrer umfährt im Slalom die Hindernisse und behält den Ball auf dem Schoß (aus organisatorischen Gründen, damit er nicht umherrollt).
  Zum Schluss halten alle Schüler die Stäbe so hoch, dass der Rollstuhlfahrer drunter herfahren kann.

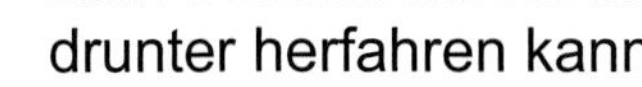

3. Teil (Schlussteil)

„Kegel treffen“

Es werden zwei Mannschaften gebildet, die sich an einer ca. 5 bis 8 Meter entfernten Abwurflinie aufstellen.

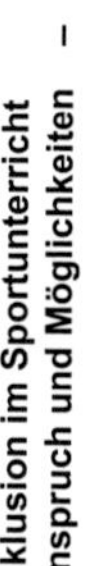

Inklusion im Sportunterricht
Anspruch und Möglichkeiten – Bestell-Nr. 11 308

3 Markierungskegel

In der Mitte des Spielfeldes werden zwei Turnbänke aufgestellt, auf denen etwa 10 bis 15 Markierungskegel abgestellt werden *(siehe Aufbauskizze 5)*. Jeder Schüler bekommt einen Ball.
Die Schüler versuchen nun, mit dem Ball die Kegel zu treffen, damit sie von den Bänken ins gegnerische Feld fallen.
Gewonnen hat die Mannschaft, in deren Feld nach Ablauf der Zeit die wenigsten Markierungskegel liegen. Ein Durchgang ca. 2 Minuten. Eventuell mehrere Durchgänge ausführen lassen.

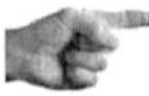 *Ein Schüler steht im Feld und wirft die Bälle zu seinen Mitschülern zurück.*

Der Lehrer überträgt dem sehbehinderten Schüler das Startkommando und das Stopp-Signal zum Beenden des Spiels.

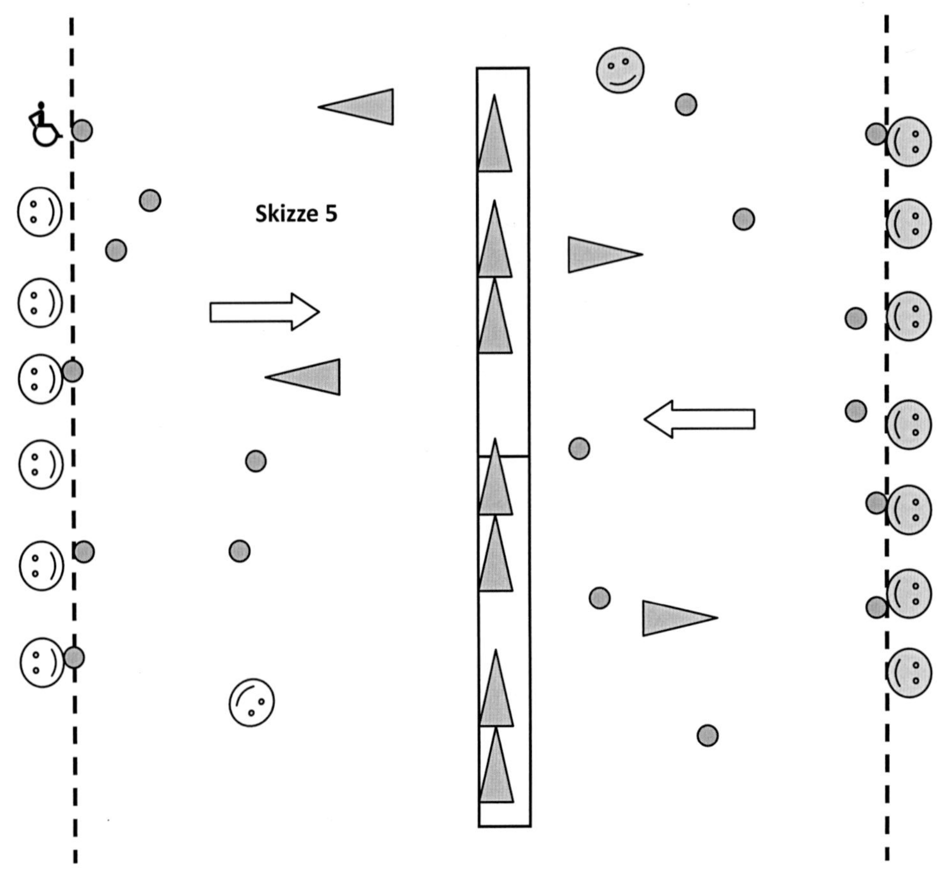

Alle Geräte werden von den Schülern nach Ansage des Lehrers weggeräumt und an die vorgesehenen Standorte zurückgebracht.

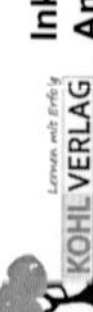

4 Mit Turnmatten

Ziele	• Wahrnehmungsfähigkeit verbessern und Bewegungserfahrungen erweitern • Etwas wagen und verantworten • Kooperieren, wettkämpfen und sich verständigen
Thema/ Bewegungsangebot	Übungen mit und an Turnmatten
Förderschwerpunkte	• Heben, Tragen, Schaukeln • Allgemeine Ausdauer und Kraftausdauer • Orientierungs- und Anpassungsfähigkeit und Spielübersicht • Fahrgeschicklichkeit (Rollstuhlfahrer)
Benötigte Geräte	4-6 Turnmatten, einige Medizin- und Basketbälle, 1 Sprungseil

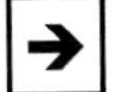

Hinweise

Diese Sportstunde ist schnell und einfach zu organisieren, da die Spiel- und Übungsformen mit und an Turnmatten durchgeführt werden.

In dieser Stunde werden die Turnmatten zum vielseitig einsetzbaren Turngerät.

Die blauen 6 cm dicken, 200 cm langen und 125 cm breiten Turnmatten gehören zur Grundausstattung jeder Sporthalle und sind in ausreichender Anzahl in jeder Sporthalle vorhanden. Diese Matten haben Schlaufen, die zum Heben und tragen von Bedeutung sind. Moderne Turnmatten haben häufig keine Schlaufen mehr und müssen deshalb beim Heben und Tragen an den Kanten angefasst und getragen werden.

♿ 👁 Durch die Auswahl der Übungen können motorisch schwächere Schüler, Rollstuhlfahrer und sehbehinderte Schüler in der Regel alle Übungsformen mitmachen.

1. Teil (Erwärmung)

Der Lehrer fährt den Mattenwagen an den Rand des Übungsfeldes. Die Schüler bilden Vierergruppen und ziehen gemeinsam (an jeder Seite zwei Schüler) eine Matte von dem Mattenwagen.

- Die Turnmatte gemeinsam zu einem freien Platz in der Sporthalle tragen, auf den Boden ablegen und sich auf die Matte setzen.

♿ Dem Rollstuhlfahrer wird die Matte mit der schmalen Seite auf die Knie gelegt. Die anderen Schüler tragen die Matte wie gewohnt *(Skizze 6)*.

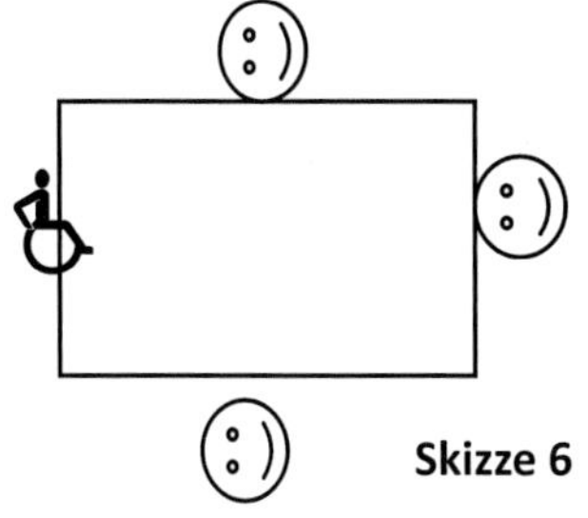

Skizze 6

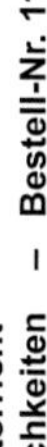

- Auf Zeichen des Lehrers laufen alle kreuz und quer um die Matten herum. Auf Handklatsch des Lehrers kehren alle schnell zu ihrer Matte zurück.

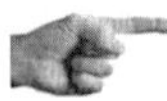

Die Matten dürfen nicht betreten werden. Keine anderen Mitschüler anrempeln oder behindern.

Der Rollstuhlfahrer fährt (im Slalom) auch kreuz und quer um die Matten.

Das sehbehinderte Kind entscheidet bzw. wählt selber, ob es die Übung im Gehen oder Laufen und selbstständig oder mit Hilfestellung (Handfassung) durchführen möchte.

- Wie zuvor, aber eine andere Fortbewegungsart wählen, z.B. hüpfen auf beiden Füßen, eventuell auch einbeinig, auf allen vieren usw..

  Der Rollstuhlfahrer fährt rückwärts.

- Stand an den Seiten der „eigenen Matte“: Schrittwechselsprünge an der Mattenkante ausführen. Jeder Fuß muss 10x auf der Matte gewesen sein.

  Der Rollstuhlfahrer klatscht bei seiner Gruppe einen Rhythmus mit den Händen. Die Schüler seiner Gruppe versuchen diesen Rhythmus aufzunehmen.

- Kettenfangen mit Inseln: Alle Schüler verlassen ihre Matte und bewegen sich frei im Raum. Zwei Schüler fassen sich an den Händen und versuchen einen dritten Schüler abzuschlagen, der sich dann anreiht. Wenn ein vierter Schüler abgeschlagen worden ist, trennt sich die Viererkette und wird so zu zwei neuen Zweierketten. Das Spiel ist beendet, wenn alle Schüler abgeschlagen worden sind.

Da die Matten nicht betreten werden dürfen, wird viel Spielübersicht verlangt. Eventuell können zu Beginn auch gleich zwei Zweierketten bestimmt werden, dann wird das Fangspiel sofort lebhafter.

Das sehbehinderte Kind kann das Spiel als Mitglied des Fängerpaares beginnen.

Wird der Rollstuhlfahrer abgeschlagen, muss an seinem Rollstuhl ein Seil befestigt werden. Der Partner fasst das Ende des Seils. Beim Verfolgen anderer Schüler wird eine hohe Anpassungsfähigkeit zwischen beiden Schülern verlangt. Wenn ein dritter Schüler abgeschlagen wird, fährt der Rollstuhlfahrer in der Mitte und an beiden Seiten ist ein Seil für den jeweiligen Schüler *(siehe Abb. 50 auf der nächsten Seite)*.

Inklusion im Sportunterricht
Anspruch und Möglichkeiten – Bestell-Nr. 11 308

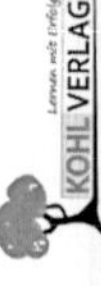

4 Mit Turnmatten

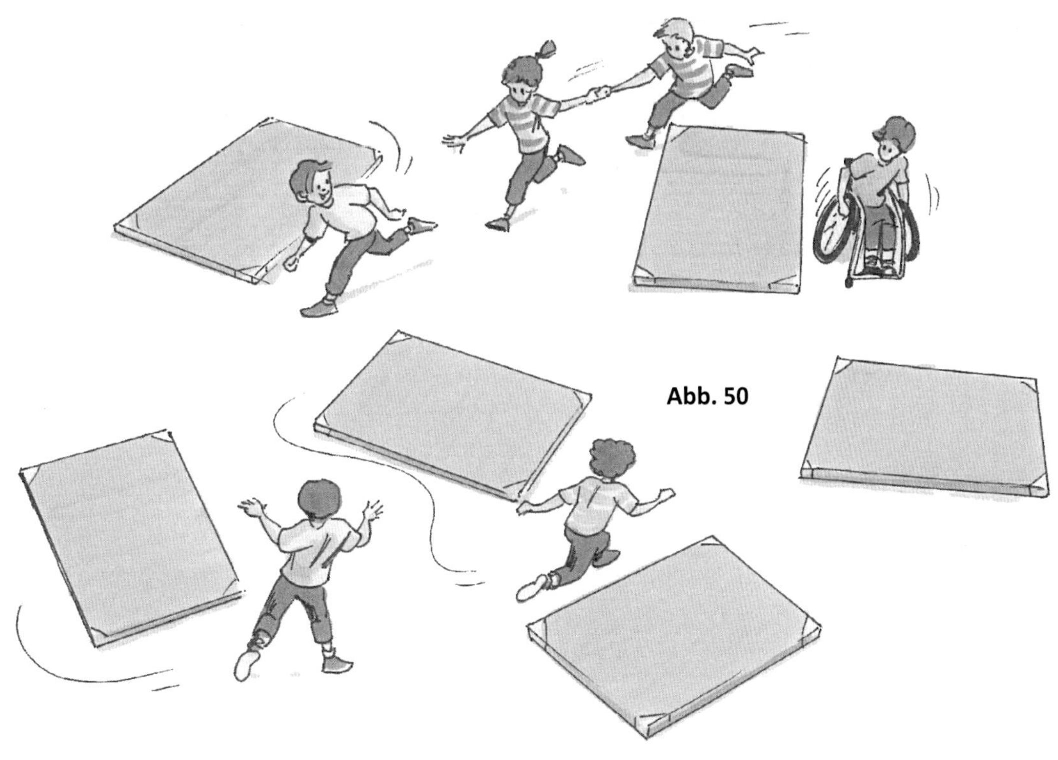

Abb. 50

☺ 2. Teil (Hauptteil)

Alle Schüler sitzen wieder auf ihren Matten.

- Alle vier Schüler sitzen im Hocksitz auf ihrer Matte, die Füße sind dabei auf dem Boden. Mit beiden Händen die Schienbeine fassen und vorsichtig nach hinten schaukeln und danach wieder zurück auf die Füße. Wer schafft es mehrere male hintereinander, ohne das Gleichgewicht zu verlieren.

- Wie zuvor, aber beim dritten Mal so kräftig nach vorn schaukeln, dass man ohne Probleme auf die Füße kommt und anschließend, ohne mit den Händen nachzufassen, aufstehen kann.

  ♿ Der Rollstuhlfahrer versucht über die Matte zu fahren (kräftiger Armeinsatz) – eventuell müssen seine Partner etwas schieben.

- Jeder Schüler fasst eine Schlaufe: Die Matte bis in Hüfthöhe anheben und gemeinsam durch die Halle gehen oder langsam laufen.

> *Umsichtig handeln und keine andere Gruppe anrempeln oder behindern. Auf Handklatsch des Lehrers kehrt jede Gruppe mit ihrer Matte wieder an den Ausgangspunkt zurück und legt dort die Matte ab. Alle Schüler setzen sich wieder auf die Matte und warten auf die nächste Aufgabe.*

♿ Dem Rollstuhlfahrer wird die Matte mit der schmalen Seite auf die Knie gelegt. Die anderen Schüler tragen die Matte wie gewohnt.

KOHL VERLAG Inklusion im Sportunterricht Anspruch und Möglichkeiten – Bestell-Nr. 11 308

4 Mit Turnmatten

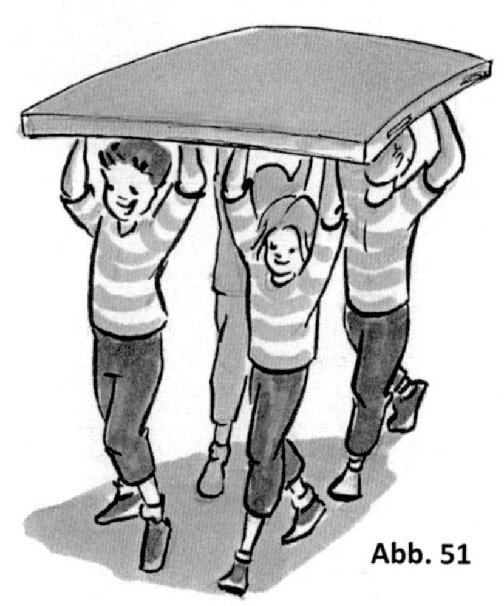

Abb. 51

- Wie vor, aber Gegenstände auf der Matte transportieren, z.B. 2-3 Medizin- oder Basketbälle. Die Gegenstände dürfen während des Transportes nicht herunterfallen.

- Die Matte zunächst wie gewohnt anheben und dann mit den Händen unter die Matte gehen, sodass sie über Kopf getragen werden kann. Langsam vorwärts gehen und dabei die anderen Gruppen im Auge behalten *(Abb. 51)*.

♿ Die Gruppe mit dem Rollstuhlfahrer kann evtl. die Matte so tragen, dass er dabei unter der Matte mitfahren kann. Um die Matte über Kopf tragen zu können, müssen sie sich dabei im Dreieck um ihn herum verteilen *(Abb. 52)*.

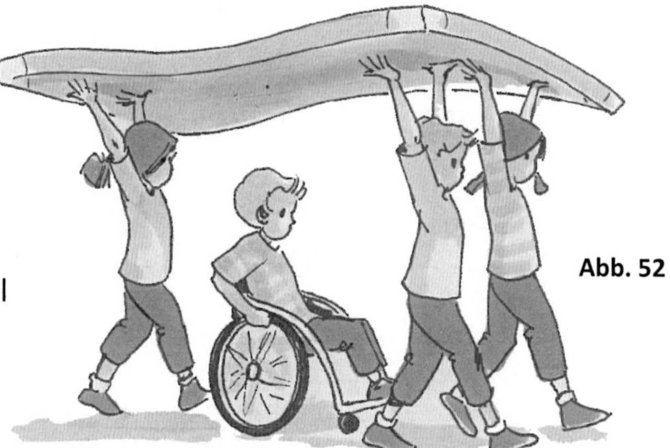

Abb. 52

- Jede Matte auf eine Längsseite stellen. Die Matte zu zweit senkrecht an den beiden kurzen Seiten halten. Um alle senkrecht stehenden Matten einmal herumlaufen, danach zum Ausgangspunkt zurückkehren. Wechsel – jeder Schüler muss einmal gehalten haben und einmal gelaufen sein.

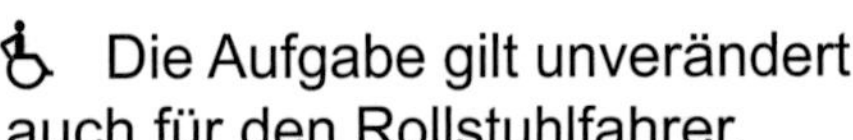

♿ Die Aufgabe gilt unverändert auch für den Rollstuhlfahrer.

👁 Das sehbehinderte Kind wählt selber, ob es die Übung selbstständig oder mit Hilfestellung (Handfassung) durchführen möchte.

- Jede Matte in der Mitte etwas anheben und dann die kurzen Seiten zusammenschieben, sodass ein Tunnel entsteht. Zwei Schüler setzen sich im Strecksitz vor die „Tunnelwände“ und sichern somit den Tunnel.
  Zunächst durch den eigenen Tunnel kriechen, dann in einer freien Abfolge durch die anderen Tunnel kriechen. Anschließend zum Ausgangspunkt zurück.
  Wechsel – jeder Schüler muss einmal den Tunnel gesichert haben und durch alle Tunnel gekrochen sein.

♿ Der Rollstuhlfahrer kann durch das Heranfahren an die Tunnelwand seinen Tunnel sichern. Später können seine Mitschüler die Matte etwas anheben, so dass er auch durch den Tunnel fahren kann.

👁 Das sehbehinderte Kind wählt selber, ob es die Übung selbstständig oder mit Hilfestellung (Handfassung) durchführen möchte.

4 Mit Turnmatten

- Alle vier Schüler sitzen hintereinander im Kniestand auf ihrer Matte. Zunächst den Oberkörper nach rechts beugen und mit der rechten Hand die Mattenkante fassen. Danach zur linken Seite schaukeln und mit der linken Hand die linke Mattenkante greifen. Nun hin und her schaukeln, dabei das Körpergewicht nach rechts und links verlagern *(Abb. 53)*.

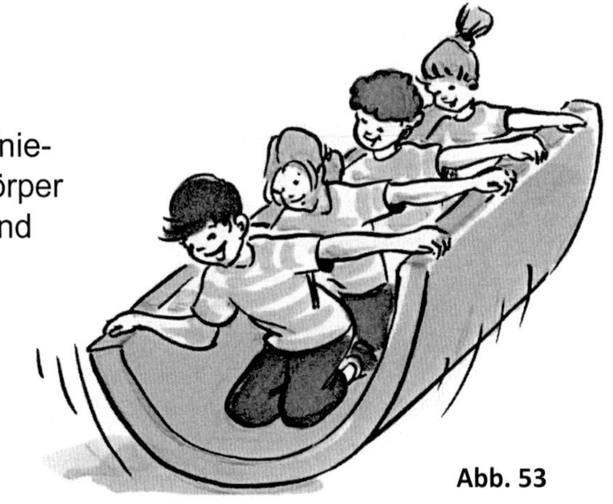

Abb. 53

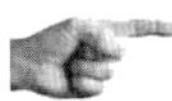 *Den Griff der Hände immer beibehalten – also festhalten, nicht loslassen!*

♿ Der Rollstuhlfahrer fährt rückwärts im Slalom um die Schaukelmatten.

Alle Matten werden von den Vierergruppen gemeinsam zum Mattenwagen gebracht.

☺ 3. Teil (Schlussteil)

„Drei fangen einen“

Drei Kinder bilden eine kurze Kette und fassen sich an den Händen. Der vierte Schüler dieser Gruppe bewegt sich frei im Raum. Die „Drei“ dürfen nur diesen Schüler abschlagen. Wenn es gelingt, erfolgt Rollentausch, der Fänger wird zum Läufer *(siehe Skizze 7)*.

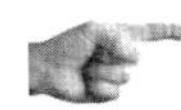 *Die Schüler zur Umsicht ermahnen, damit keine Zusammenstöße passieren.*

♿ Am Rollstuhl wird ein Seil befestigt. Ein Partner fasst das Ende des Seils. Beim Verfolgen des vierten Schülers wird eine hohe Anpassungsfähigkeit zwischen den beiden Schülern und dem Rollstuhlfahrer verlangt.
Der Rollstuhlfahrer kann auch die Rolle des „Läufers“ übernehmen.

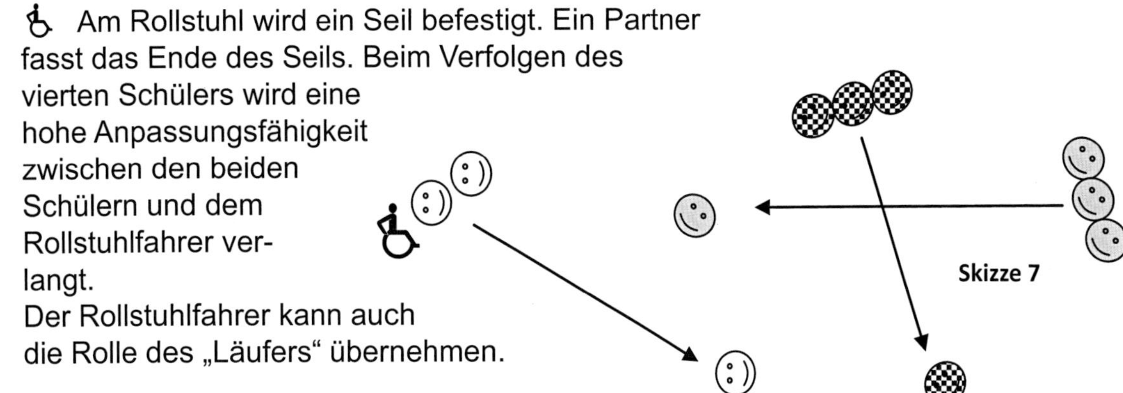

Skizze 7

5 Akrobatik

Ziele	• Wahrnehmungsfähigkeit verbessern und Bewegungserfahrungen erweitern • Etwas wagen und verantworten • Sich körperlich ausdrücken, Bewegungen gestalten • Kooperieren und sich verständigen
Thema/ Bewegungsangebot	Akrobatische Grundübungen
Förderschwerpunkte	• Balancieren, Heben, Tragen, Stützen • Gleichgewichtsfähigkeit und Balance • Körperspannung und Kraftausdauer • Orientierungs- und Anpassungsfähigkeit
Benötigte Geräte	8-12 Turnmatten, 4-6 kleine Kästen

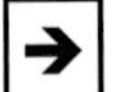

Hinweise

Drei, vier oder sogar noch mehr Menschen, die sich zu lebenden Pyramiden auftürmen? Im Zirkus gehören diese Bewegungskunststücke zu den wichtigsten Darbietungen.

Auch im Sportunterricht ist es möglich, ähnliche Angebote zu machen. Die Kinder üben in Kleingruppen, wobei sich jeder Schüler unter Berücksichtigung seiner Voraussetzungen aktiv in das Gestalten einbringen und mitmachen kann. Der „Untermann" sollte in der Regel etwas größer bzw. schwerer als der „Obermann" sein. Der „Untermann" gibt die Kommandos. Anfangs dienen kleine Kästen als Aufstiegshilfen. Zur Absicherung werden alle Übungen auf einem Mattenviereck ausgeführt.

♿ 👁 Durch die Auswahl der Übungen und den Einsatz der Hilfen können motorisch schwächere Schüler, Rollstuhlfahrer und sehbehinderte Schüler in der Regel alle Übungsformen mitmachen.

1. Teil (Erwärmung)

Die Schüler bilden Paare, die sich hintereinander an einer Ablauflinie aufstellen *(siehe Skizze 8)*.
Ein langes Schwungseil (eventuell können auch zwei ganz normale Springseile zusammengebunden werden) wird von zwei Kindern geschwungen, eventuell muss der Lehrer anfangs dabei helfen.
Die Schüler versuchen paarweise mit Handfassung das schwingende Seil zu unterlaufen. Danach laufen sie außen zum Ausgangspunkt zurück *(Skizze 8)*.

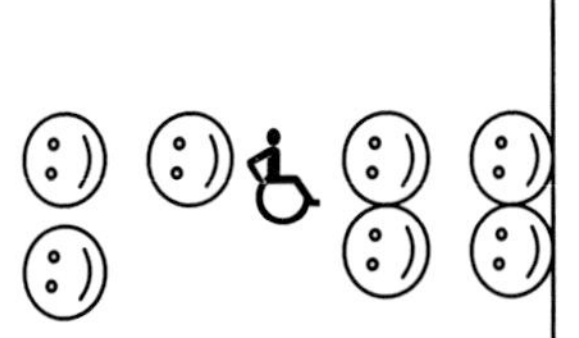

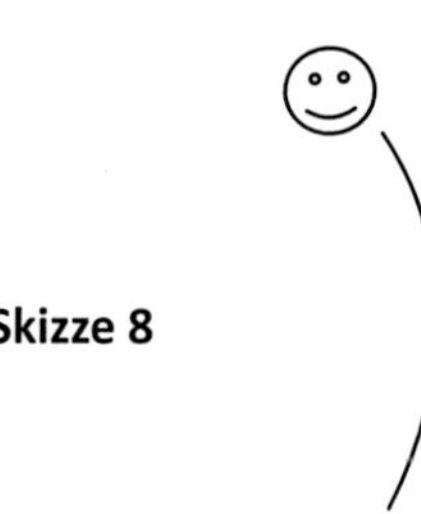

Skizze 8

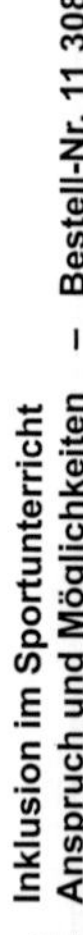

♿ Der Rollstuhlfahrer fährt vor seinem Partner, der evtl. etwas schiebend hilft.

> *Der Lehrer gibt eventuell den Auftakt zum Start des Laufens. Später können auch zwei Seile mit einem Abstand von ca. 5 bis 10 Meter durchlaufen werden.*

- Wie zuvor, aber in Dreiergruppen das Seil durchlaufen.
  ♿ 👁 Den Rollstuhlfahrer, den sehbehinderten oder den nicht so laufstarken Schüler in die Mitte nehmen. Mehrere Durchgänge ausführen.

2. Teil (Hauptteil)

Zu Beginn des Hauptteils werden Kleingruppen von 4 bis 6 Schülern gebildet.
Jede Kleingruppe holt sich 4 Matten und legt diese Matten zu einem Viereck zusammen.

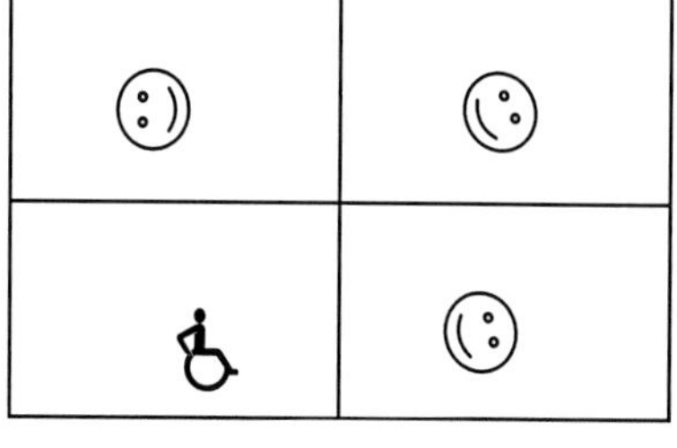

Die folgenden Aufgaben bereiten auf das Akrobatiktraining vor ...

- Die Schüler stehen sich mit Handfassung und Fußspitzenberührung gegenüber. Nun langsam mit gespanntem Körper nach hinten lehnen, einen Moment so bleiben und dann wieder in die Ausgangsstellung zurückkommen. Mehrere Male ausführen *(Abb. 54)*.

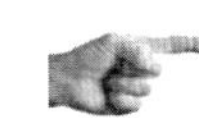

> *Den Griff der Hände immer beibehalten – also festhalten –* nicht loslassen!

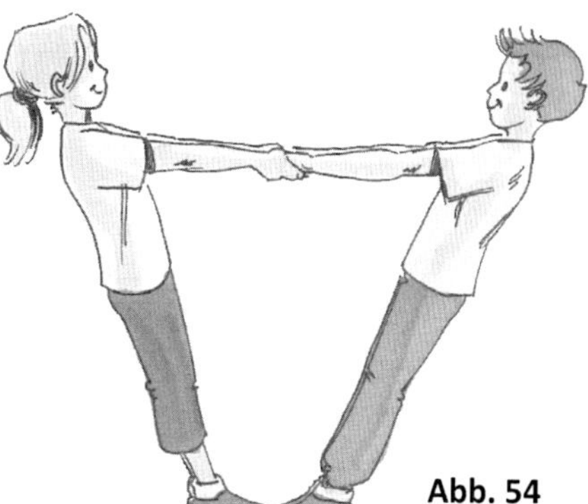

Abb. 54

♿ Der Rollstuhlfahrer muss bei dieser Übung Spannung im Oberkörper aufbauen.

- Wie zuvor, aber nun in die halbe Kniebeuge gehen. Der Rücken bleibt gerade und die Kopfhaltung ist normal.

- Ein Schüler sitzt mit gestreckten Beinen auf dem Boden, die Hände stützen seitlich neben dem Körper ab. Ein Schüler fasst nun die Fußgelenke des Schülers und hebt ihn gestreckt bis zur Waagerechten hoch. Der übende

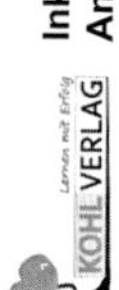

Schüler muss sich steif machen „wie ein Brett“. Anschließend vorsichtig wieder absetzen und wechseln.

♿ Der Rollstuhlfahrer hält beide Arme gestreckt nach vorne, die Handflächen zeigen nach oben. Der Partner legt mit ebenfalls gestreckten Armen seine Handfläche auf die des anderen. Beide drücken gleichzeitig die Handflächen gegeneinander.

Akrobatikübungen für Anfänger

1. Übung

Der Untermann geht vor einem kleinen Kasten in die Bankstellung. Der Obermann steigt vorsichtig mit einem Fuß auf die Schultern und mit dem anderen Fuß auf die Hüfte des Untermannes *(Abb. 55)*.

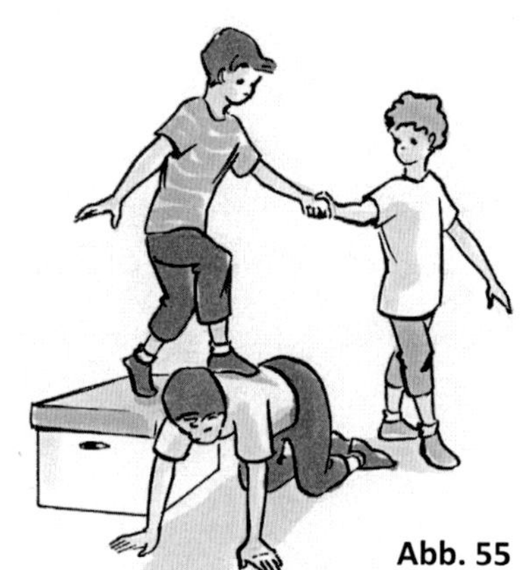

Abb. 55

> *Nie auf die Wirbelsäule treten! Beim Auf- und Absteigen helfen die anderen Schüler mit Handfassung. Eventuell auch Rollenwechsel vornehmen.*

♿ Auch der Rollstuhlfahrer hilft mit Handfassung.

2. Übung

Der Untermann sitzt auf dem kleinen Kasten. Der Obermann fasst nun die Hände des sitzenden Schülers und steigt vorsichtig auf die Knie zum Stand mit fast gestreckten Armen.

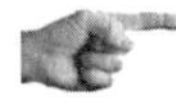

> *Der Obermann kann auch evtl. von einem zweiten kleinen Kasten aufsteigen. Die anderen Schüler stehen seitlich und sichern ab.*

♿ Auch auf die Knie des Rollstuhlfahrers steigt ein Schüler auf. Die anderen Schüler dieser Gruppe sichern seitlich und hinten ab *(Abb. 56)*.

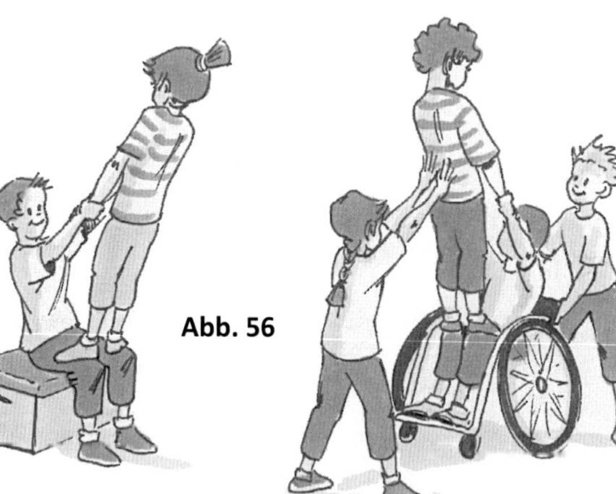

Abb. 56

KOHL VERLAG Inklusion im Sportunterricht
Anspruch und Möglichkeiten – Bestell-Nr. 11 308

Der Schüler muss sich steif machen „wie ein Brett“. Anschließend vorsichtig wieder absetzen und wechseln.

3. Übung

Wie zuvor, aber der kleine Kasten wird durch einen weiteren Untermann ersetzt. Der Untermann legt sich mit angewinkelten Knien auf den Rücken und setzt dabei die Füße etwa hüftbreit auf. Der zweite Schüler setzt sich auf die Knie des Untermannes, wobei die Beine leicht geöffnet sind, so dass sich der Obermann dazwischen stellen kann. Er fasst nun die Hände und steigt vorsichtig auf die Knie mit fast gestreckten Armen.

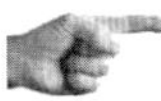

Auch hier kann eventuell ein daneben stehender kleiner Kasten als Aufstiegshilfe genutzt werden.

4. Übung

Der Untermann bildet eine Bank. Der zweite Schüler legt von rechts seine Hände auf dessen Schulter. Der Obermann steigt nun auf den Po des Untermannes und stützt sich dabei auf den Schultern des zweiten, stehenden Schülers ab.

♿ Der Rollstuhlfahrer fährt dicht an den Untermann heran und streckt seine Arme nach vorn-oben, sodass der Obermann die Handfassung herstellen kann. Eventuell muss hier der Lehrer oder ein anderer Schüler helfen, um den Kontakt herzustellen.

5. Übung

Zwei Schüler gehen nebeneinander in die Bankstellung. Der Obermann steigt mit Hilfe mit je einem Fuß auf die Hüften der Untermänner. An jeder Seite stellt sich ein Schüler auf und fasst den Obermann an die Hand. Danach lehnen sie sich mit fast gestreckten Armen vorsichtig nach außen *(Abb. 57)*.

♿ Der Rollstuhlfahrer nimmt eine der Außenpositionen ein.

Zum Abschluss des Hauptteils präsentieren die jeweiligen Gruppen eine selbstgewählte Gestaltung.

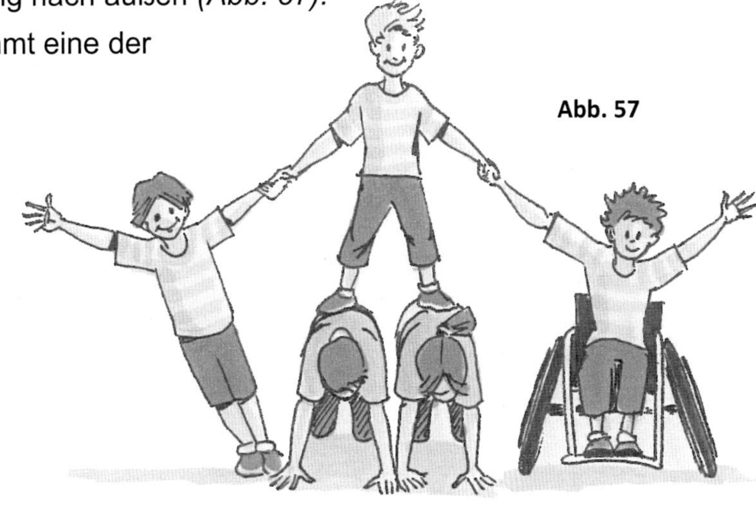

Abb. 57

3. Teil (Schlussteil)

Pendelstaffel mit Medizinball

Bei der Pendelstaffel stehen sich die Mitglieder einer Mannschaft gegenüber. Dabei steht Läufer eins auf der linken, Läufer zwei auf der rechten Seite usw. *(Skizze 9)*. Im Hockliegestütz rücklings liegt der Medizinball auf dem Becken/Bauch. So zur anderen Seite bringen und ihn dort übergeben. Welche Mannschaft ist zuerst durch *(Abb. 58)*?

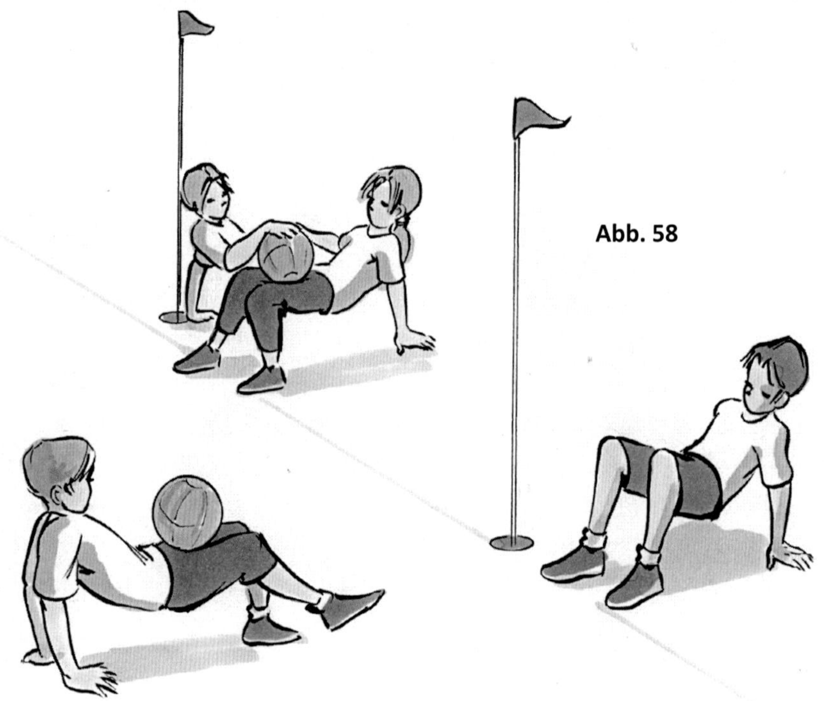

Abb. 58

♿ Der Rollstuhlfahrer nimmt den Medizinball in den Schoß.

👁 Das sehbehinderte Kind erhält akustische Hilfen durch die Mitschüler.

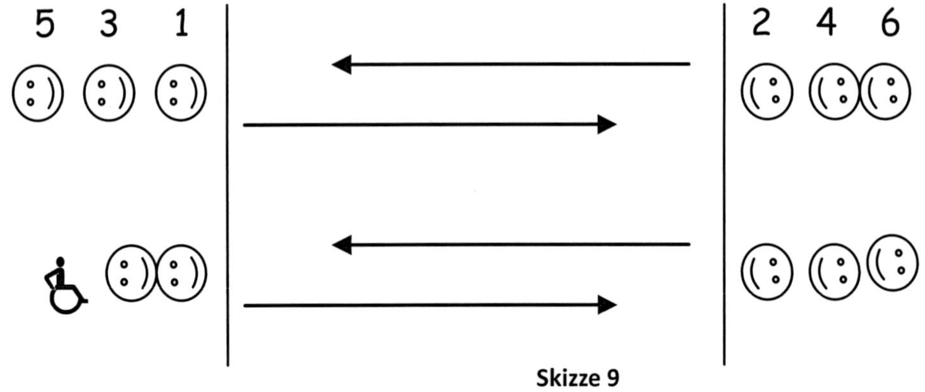

Skizze 9

6 Rollbrett

Ziele	• Wahrnehmungsfähigkeit verbessern und Bewegungserfahrungen erweitern • Das Leisten erfahren, verstehen und einschätzen • Kooperieren und sich verständigen
Thema/ Bewegungsangebot	Spiel- und Übungsformen mit dem Rollbrett
Förderschwerpunkte	• Sich abstoßen, Ziehen und Schieben • Fahrgeschicklichkeit (Rollbrett und Rollstuhl) • Allgemeine Ausdauer, Kraftausdauer und Körperspannung • Orientierungs- und Anpassungsfähigkeit
Benötigte Geräte	Für jeden Schüler ein Rollbrett, 4-8 kleine Kästen, 1 Turnbank, 2-4 Parteibänder

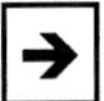

Hinweise

Wenn alle Schüler ein bewegliches Sportgerät handhaben, ergeben sich bei mehr Chancengleichheit interessante Übungsmöglichkeiten. Durch das unterschiedliche Höhenniveau weist der Lehrer die Schüler auf besondere Vorsichtsmaßnahmen und Verhaltensregeln hin.
Bei dieser Stunde wird davon ausgegangen, dass der Umgang mit dem Rollbrett den Schülern durch vorhergehende Stunden schon vertraut ist.

!!! Rollbrettregeln

- Das Rollbrett ist kein Skateboard, deshalb nie auf einem Rollbrett stehen.
- Das Rollbrett nicht durch die Halle von sich wegstoßen.
- Die Hände sind immer seitlich am Rollbrett, nie davor.
- Das Rollbrett wird „zum Parken“ umgedreht (Rollen nach oben).
- Lange Hare werden zusammengebunden.
- Lange und weite Sportoberteile werden in die Sporthosen gesteckt.
- Bei allen Übungen gilt: Immer umsichtig fahren und keinen anderen Schüler „anfahren“ oder behindern.

♿ 👁 Durch die Auswahl der Übungen und den Einsatz der Hilfen können motorisch schwächere Schüler, Rollstuhlfahrer und sehbehinderte Schüler in der Regel alle Übungsformen mitmachen.

Rollbrett

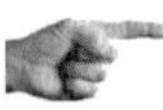

1. Teil (Erwärmung)

Jeder Schüler erhält ein Rollbrett, nimmt es in die Hände und sucht sich damit einen freien Platz in der Halle – das Rollbrett wird geparkt.

- Auf ein Zeichen des Lehrers werden die Rollbretter umgedreht und jeder Schüler sucht sich eigene Raumwege.

> *Anfangs sollte keine Körperlage vorgegeben werden: Jeder Schüler bewegt sich in der ihm angenehmsten Lage fort.*

- Wie zuvor, aber im Fersen- oder im Schneidersitz auf das Rollbrett setzen und sich mit den Händen vom Boden abstoßen.

  ♿ Der Rollstuhlfahrer fährt mit freien Raumwegen durch die Sporthalle und zeigt dabei, wie geschickt er fahren und dabei den Rollbrettfahrern ausweichen kann, da er eine bessere Übersicht hat.

  👁 Der sehbehinderte Schüler sitzt auf seinem Rollbrett und kann selbstständig alleine im Sitzen (Füße sind auf dem Boden) rückwärts fahren und wird dabei von einem anderen Schüler beobachtet und eventuell unterstützt.

- Im Streck- oder Hocksitz auf dem Rollbrett und sich mit den Händen vom Boden abstoßen. Wer kann so auf verschiedenen Wegen mal langsam, mal schnell durch den Raum fahren, ohne mit anderen zusammenzustoßen *(Abb. 59)*?

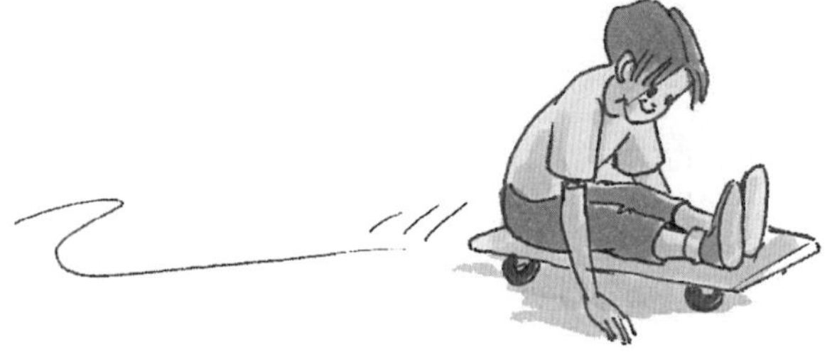

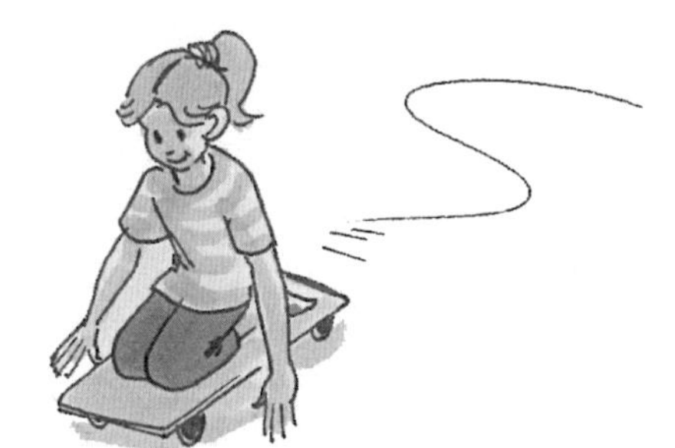

Abb. 59

- „Das geteilte Paar“: Es werden zwei Schüler bestimmt und durch Parteibänder gekennzeichnet, die sich in den Spielfeldecken gegenüberstehen. Alle anderen Schüler verteilen sich im Spielfeld. Auf ein Zeichen des Lehrers fahren die beiden Schüler los und versuchen sich durch geschicktes Fahren irgendwo in der Halle zu treffen (Kontakt). Alle anderen Schüler versuchen das durch Sperren (aber nicht berühren oder behindern) zu verhindern *(siehe Skizze 10 auf Seite 60)*.

> 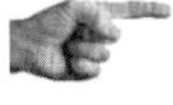 *Anfangs wählt der Lehrer zwei Schüler aus, die über eine hohe Fahrgeschicklichkeit verfügen.*

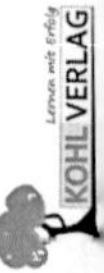

6 Rollbrett

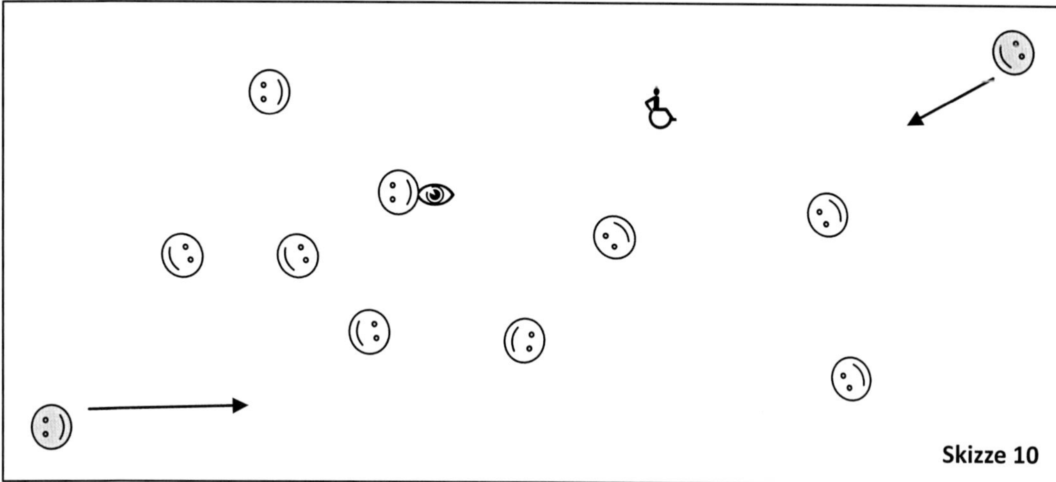

Der sehbehinderte Schüler sitzt auf einem Rollbrett und wird von einem anderen Schüler geschoben (hier findet auf Anweisung des Lehrers ein mehrmaliger Wechsel statt).

2. Teil (Hauptteil)

Alle Schüler parken ihr Rollbrett nebeneinander und warten auf die Anweisung des Lehrers. Je nach Anzahl der Schüler wird dafür die Längsseite oder die Querseite der Sporthalle gewählt.

- Das Rollbrett umdrehen und sich in Bauchlage auf das Rollbrett legen: Mit beiden Händen gleichzeitig vom Boden abstoßen und so möglichst geradeaus bis zu einer Linie auf die andere Seite des Raumes fahren. Dort drehen und auf Anweisung des Lehrers zur Startlinie zurückfahren *(Abb. 60)*.

  Der sehbehinderte Schüler befindet sich außen am Ende der Linie und fährt im Sitzen alleine rückwärts in Richtung eines Schülers, der ein akustisches Signal sendet: „Hier-hier hier“ ...

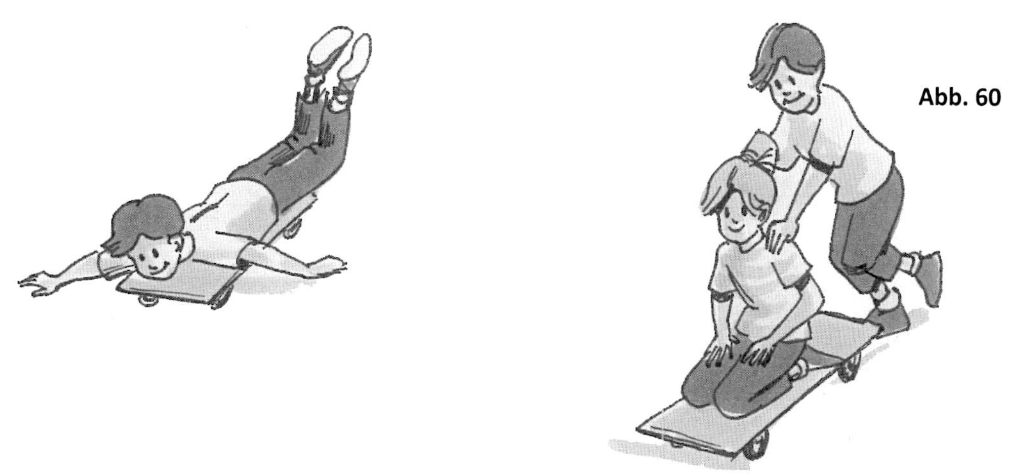
Abb. 60

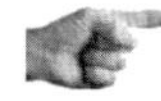
Diese Ziellinie ist mindestens 5 Meter von der Wand entfernt. Die Schüler darauf hinweisen, dass die Ziellinie langsam angefahren werden muss.

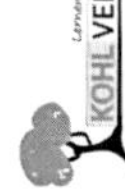

- Wie vor, aber wer kann mit seinem Rollbrett auch fahren, wenn er sich nacheinander mit der rechten und linken Hand vom Boden abstößt?

- Wie zuvor, aber rückwärts zur Ziellinie fahren?

Bei den folgenden Übungsformen fahren die Schüler eigene Raumwege, ohne dabei andere Schüler zu behindern oder anzufahren.

- Bauchlage und mit beiden Händen gleichzeitig vom Boden abstoßen.

- Sitz auf dem Rollbrett, Knie beugen und die Füße auf den Boden stellen. Nun sich mit den Füßen (vom Boden abdrücken) und mit dem Rollbrett rückwärts fahren.

- Rückenlage mit leicht angehockten Beinen: Sich mit beiden Händen gleichzeitig vom Boden abstoßen und so vor- und rückwärts durch den Raum fahren.

  ♿ Der Rollstuhlfahrer fährt vor- und rückwärts und in Kurven.

- Wie zuvor, aber wer kann mit den Füßen vorwärts laufen?

Spiel- und Übungsformen in der Kleingruppe und mit zusätzlichen Geräten

- Zwei Schüler sitzen auf dem Rollbrett Rücken an Rücken, beide haben die Füße auf dem Boden und fahren vorwärts, der eine läuft vorwärts und der andere rückwärts. Rollentausch.

  👁 Diese Übung lässt sich auch gut mit dem sehbehinderten Kind durchführen.

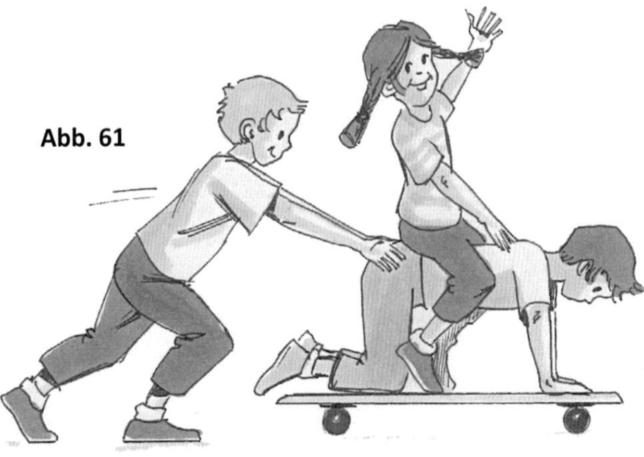

Abb. 61

- Schüler A geht in den Knieliegestütz (baut eine „Bank"). Schüler B setzt sich im Reitersitz auf diese „Bank". Schüler C schiebt das Partnerpaar an den Hüften des knienden Partners durch den Raum. Rollenwechsel vornehmen *(Abb. 61)*.

  👁 Der sehbehinderte Schüler bildet die „Bank" oder nimmt den Reitersitz ein.

♿ Der Rollstuhlfahrer bildet die Bank: Auf seinen Knien setzt sich Schüler B. Schüler C schiebt den Rollstuhl.

KOHL VERLAG Inklusion im Sportunterricht Anspruch und Möglichkeiten – Bestell-Nr. 11 308

6 Rollbrett

- Jede Dreiergruppe holt sich einen kleinen Kasten und dreht ihn mit der Polsterung nach unten auf das Rollbrett. Schüler A setzt sich in den kleinen Kasten. Die Schüler B und C schieben zusammen den „Transportwagen“ durch den Raum. Rollenwechsel vornehmen *(Abb. 62)*.

  ♿ Der Rollstuhlfahrer ist vorne und zieht den Schüler im kleinen Kasten. Dieser hält sich am Rollstuhl hinten fest. Der dritte Schüler schiebt von hinten den kleinen Kasten etwas an.

Abb. 62

- Drei „Wagen“ hintereinander stellen und sich am Wagen davor festhalten. Wer im ersten Wagen vorn sitzt, nimmt in jede Hand einen Gymnastikstab. Ein oder zwei Schüler ziehen den „Zug“ an den Stäben durch den Raum. Rollentausch vornehmen.

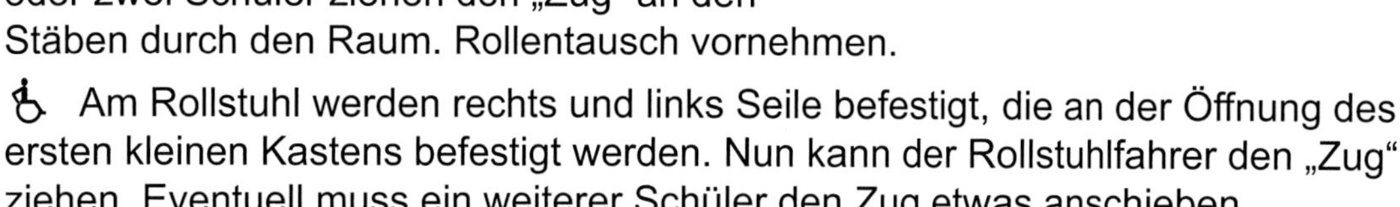

  ♿ Am Rollstuhl werden rechts und links Seile befestigt, die an der Öffnung des ersten kleinen Kastens befestigt werden. Nun kann der Rollstuhlfahrer den „Zug“ ziehen. Eventuell muss ein weiterer Schüler den Zug etwas anschieben.

- Vier bis sechs Schüler setzen sich hintereinander im Reitersitz auf die Bank, die auf zwei oder mehreren Rollbrettern liegt und nehmen die angewinkelten Arme in die Seithalte. Der erste Schüler auf der Bank ist der „Schlagmann“. Er gibt das Tempo und den Rhythmus vor, in dem ihr euch gemeinsam mit den Füßen vom Boden abstoßt und euer „Ruderboot“ durch den Raum steuert. Oberkörper und Arme begleiten diese „Ruderbewegung“ *(Abb. 63)*.

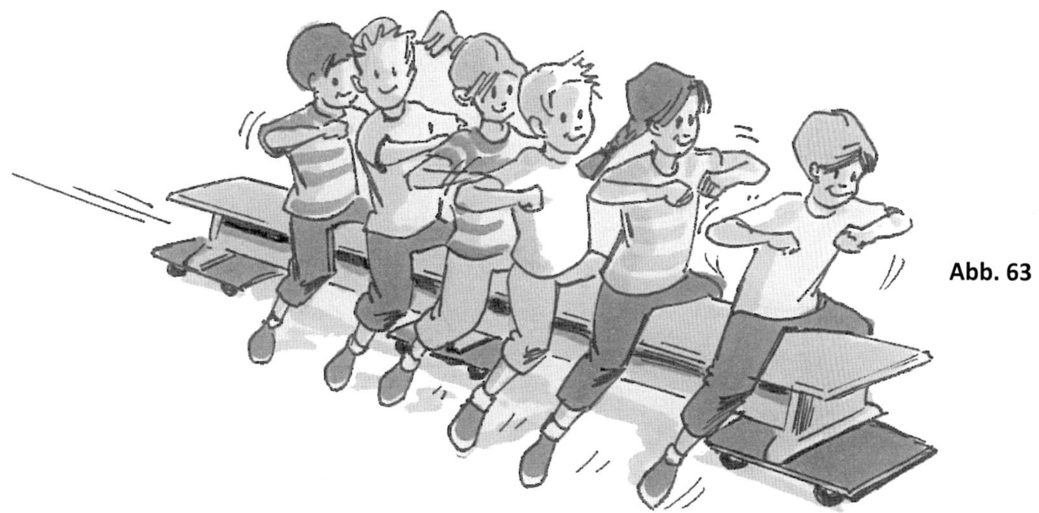

Abb. 63

  ♿ Wie zuvor. Der Rollstuhlfahrer hält sich als letzter Schüler am Vordermann fest.

Alle Geräte werden auf Anweisung des Lehrers an die Standorte zurückgebracht. Die Rollbretter werden für das abschließende Spiel noch benötigt.

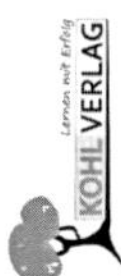

3. Teil (Schlussteil)

Rollbrettball mit dem Pezziball

Es werden zwei Mannschaften gebildet, alle Schüler bewegen sich entweder auf dem Rollbrett oder im Rollstuhl. Als Spielgerät wird ein großer Physioball verwendet. Ziel des Spiels ist es, den Ball durch Rollen in das gegnerische Handballtor zu bringen. Manchmal ist es bei Anfängergruppen ratsam, das Tor zu vergrößern, damit mehr Tore erzielt werden können, z.B. eine Weichbodenmatte.

Spielregeln:

- Der Ball darf nur gerollt werden (nicht werfen!).
- Wer im Ballbesitz ist, darf nicht berührt werden (Armlänge Abstand).
- Bei Ballbesitz darf nicht gefahren werden (man muss also abspielen!).

👁 Der sehbehinderte Schüler kann dem Schiedsrichter assistieren, merkt sich das aktuelle Ergebnis und verkündet es bei Spielschluss.

Alle Rollbretter werden an den dafür vorgesehenen Standort zurückgebracht.

7 Partnerübungen

Ziele	• Bewegungserfahrungen erweitern • Das Leisten erfahren, verstehen und einschätzen • Gesundheit fördern, Gesundheitsbewusstsein entwickeln
Thema/ Bewegungsangebot	Partnerübungen zur Kräftigung der Hauptmuskelgruppen
Förderschwerpunkte	• Ziehen, Steigen, Stützen • Maximalkraft, Kraftausdauer und Körperspannung • Gleichgewichts-, Orientierungs- und Anpassungsfähigkeit • Grundtätigkeiten Ziehen, Schieben, Steigen
Benötigte Geräte	2 Turnbänke, 2 Markierungskegel, 2 Gymnastikreifen, 2 Bälle, 1 Reckstange

➔ Hinweise

Diese Sportstunde ist schnell zu organisieren und sehr effektiv. Übungen mit dem Partner haben einen hohen Motivationscharakter und eignen sich besonders gut, um neue und vielfältige Bewegungserfahrungen sowie soziale Erfahrungen zu machen. Im Mittelpunkt dieser Stunde stehen Partnerübungen an der Turnbank, die Anforderungen an die motorischen Fähigkeiten werden dadurch situativ immer anders.

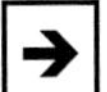 Durch die Auswahl und Variationsmöglichkeiten der Übungen kann häufig eine Binnendifferenzierung vorgenommen werden, sodass motorisch schwächere Schüler, Rollstuhlfahrer und sehbehinderte Schüler in der Regel alle Übungsformen mitmachen können und auch die angestrebten Übungswirkungen erzielt werden.

☺ 1. Teil (Erwärmung)

Die Turnbänke werden vor Beginn der Erwärmung unter Anleitung des Lehrers parallel zueinander aufgestellt. Abstand zwischen den Bänken ca. 5 Meter *(siehe Skizze 11)*.

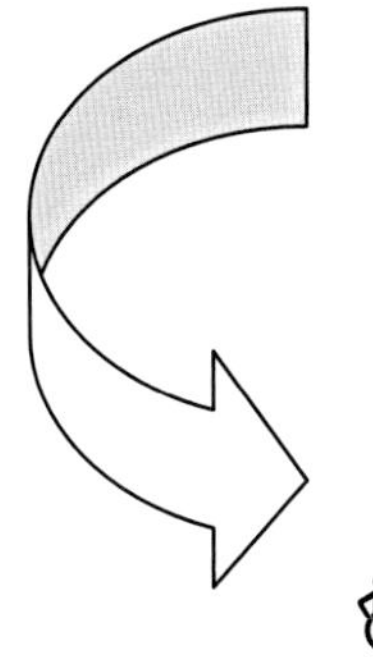

Skizze 11

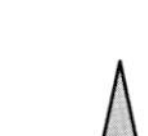

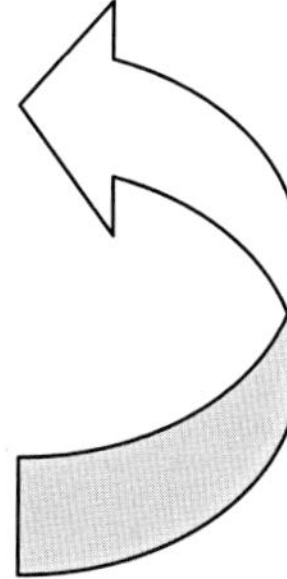

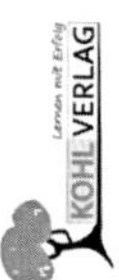

- Im großen Oval die beiden Turnbänke überlaufen (siehe Skizze). Ein Durchgang ist beendet, wenn der Ausgangspunkt wieder erreicht ist. Eventuell mehrere Durchgänge ausführen lassen.

  ♿ Der Rollstuhlfahrer umfährt die beiden Bänke im großen Oval.

  👁 Das sehbehinderte Kind entscheidet bzw. wählt selber, ob es die Übung selbstständig oder mit Hilfestellung (Handfassung) durchführen möchte.

  Das sehbehinderte Kind ist am Ende der Gruppe und kann so gehen, anstatt zu laufen, ohne dass von hinten jemand im Tempo Rücksicht nehmen muss.

- Wie zuvor, aber es muss immer ein Fuß auf der Bank und ein Fuß auf dem Boden sein.

- Hockwenden in der Fortbewegung an beiden Turnbänken.

  ♿ Der Rollstuhlfahrer umfährt die beiden Bänke rückwärts.

☺ 2. Teil (Hauptteil)

1. Einstiegsübung

Die Schüler stehen sich gegenüber, die Bank steht zwischen ihnen. Kleine Schlusssprünge am Ort ausführen. Beim ersten Hüpfer klatschen sie in die eigenen Hände, beim zweiten Hüpfer klatschen sie überkreuz rechts zu rechts in die Hand des Partners, beim dritten Hüpfer klatschen sie wieder in die eigenen Hände, beim vierten Hüpfer klatschen überkreuz in die linke Hand des Partners usw..

♿ Der Rollstuhlfahrer führt die Übung in gewohnter Weise aus. Der ihm gegenüber stehende Schüler kommt ihm mit den Armen etwas entgegen *(Abb. 64)*.

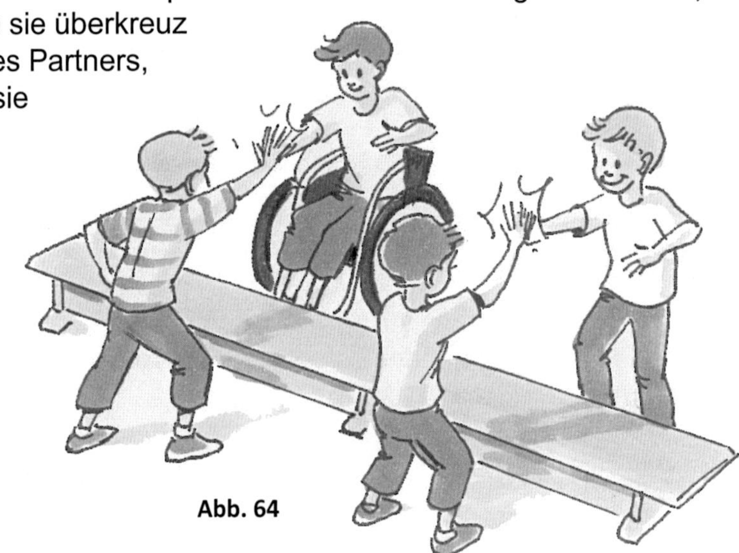

Abb. 64

> *Die Schüler stellen sich nun gegenüber an beiden Längsseiten der Turnbänke auf – die Bank steht zwischen ihnen. Die Anzahl der Wiederholungen richtet sich nach dem jeweiligen Leistungsvermögen des Schülers und wird flexibel gehandhabt. Manche Schüler üben 15x oder 10x, manche Schüler führen die Übung 5-7x aus.*

Je nach Leistungsvermögen der Schüler kann die Übung auch variiert werden, dadurch wird eine Binnendifferenzierung möglich.

KOHL VERLAG Inklusion im Sportunterricht Anspruch und Möglichkeiten – Bestell-Nr. 11 308

2. Kräftigung der Beinmuskulatur

Beidhändige Handfassung – im Wechsel auf die Bank steigen: Schüler A – auf, auf, ab, ab – danach Schüler B – auf, auf, ab, ab.

♿ Der Rollstuhlfahrer fährt auf eine ausgelegte Matte, überquert sie, fährt wieder runter, dreht und fährt wieder über die Matte. Anschließend rückwärts fahren.

3. Kräftigung der Bauchmuskulatur

Schüler A sitzt auf der Turnbank, die Füße sind hüftbreit aufgestellt und haben vollen Bodenkontakt. Die Hände werden an die Ohren gelegt. Schüler B sitzt oder kniet davor und hält die Füße von Schüler A fest. Schüler A legt nun den Oberkörper gestreckt etwas nach hinten (Kopf normal – kein Hohlkreuz), einem Moment in dieser Position bleiben, dann wieder aufrichten und in die Ausgangsstellung zurückkommen. Wechseln. *(Abb. 65)*

♿ Der Rollstuhlfahrer rutscht etwas nach vorn und führt diese Übung in ähnlicher Weise aus.

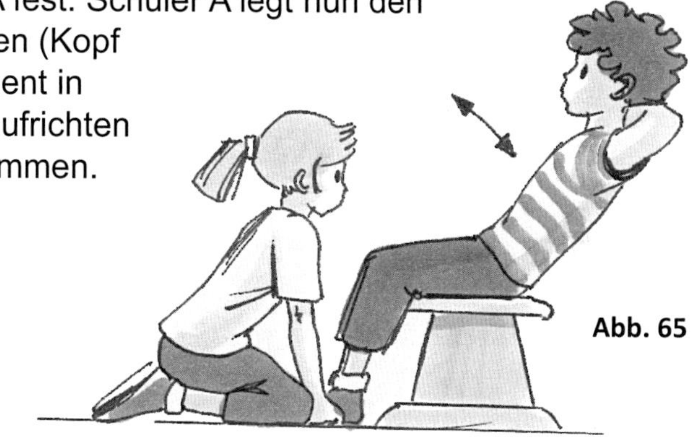

Abb. 65

4. Kräftigung der Rückenmuskulatur

Schüler A liegt mit dem Bauch auf der Sitzfläche der Bank, die Beine sind gebeugt, Schüler B sitzt vor ihm auf der anderen Seite. Schüler A streckt den Oberkörper und die Arme neben den Ohren aus, Schüler B fasst die Hände und zieht Schüler A etwas zu sich ran. Wechseln.

♿ Schüler A fasst die Hände des Rollstuhlfahrers und zieht ihn behutsam zu sich heran, dabei sollte der Rollstuhlfahrer den Rücken immer gerade lassen.

- Wie zuvor, aber Schüler A klatscht mehrmals in die angehobenen Hände von Schüler B. Eventuell auch überkreuz ausführen. Wechseln.

5. Kräftigung der Armmuskulatur - Bizeps

- Beide Schüler sind im Knieliegestütz gegenüber, die Hände stützen an der Bankkante ab: Arme beugen und strecken.
- Wie zuvor, aber mit gestreckten Beinen und geradem Rücken.
- Wie zuvor, aber die Füße befinden sich auf der Bank *(siehe Abb. 66 auf der nächsten Seite).*

♿ Mit beiden Händen einen Medizinball (1-2 kg) oder eine Reckstange vor der Brust halten und anschließend zur Hochstrecke über Kopf bringen *(siehe Abb. 66 auf der nächsten Seite).*

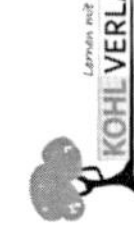

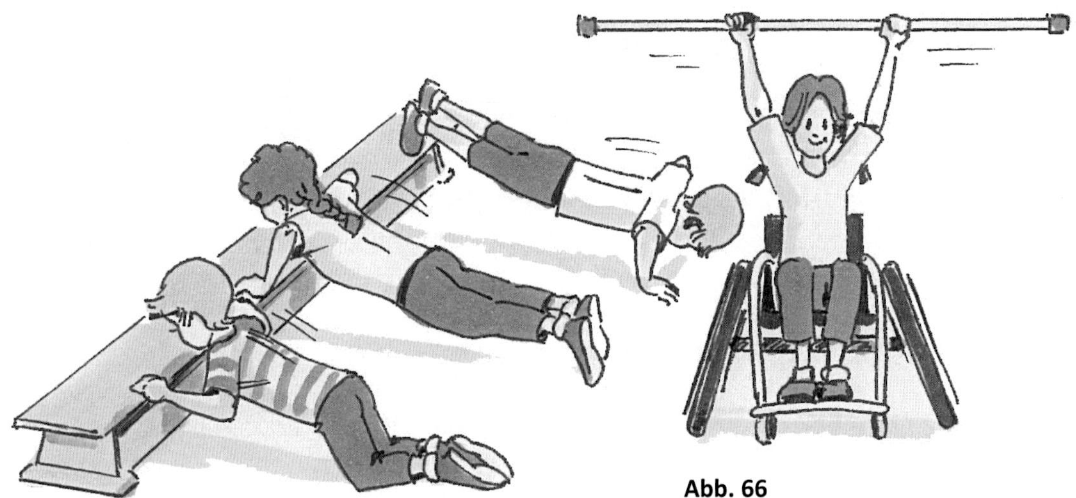

Abb. 66

6. Kräftigung der Armmuskulatur - Trizeps

Beide Schüler sitzen nebeneinander mit Griff etwas versetzt auf der Turnbank, die Füße sind hüftbreit aufgestellt und haben vollen Bodenkontakt. Die Hände fassen rechts und links die Kante der Turnbank.

Gesäß etwas nach vorn schieben und absenken, bis fast der Boden erreicht ist. Einen Moment in dieser Position bleiben, danach wieder in die Ausgangsstellung zurückkommen *(Abb. 67)*.

♿ Mit Stütz der Hände rechts und links am Rollstuhl den Körper etwas hochstützen.

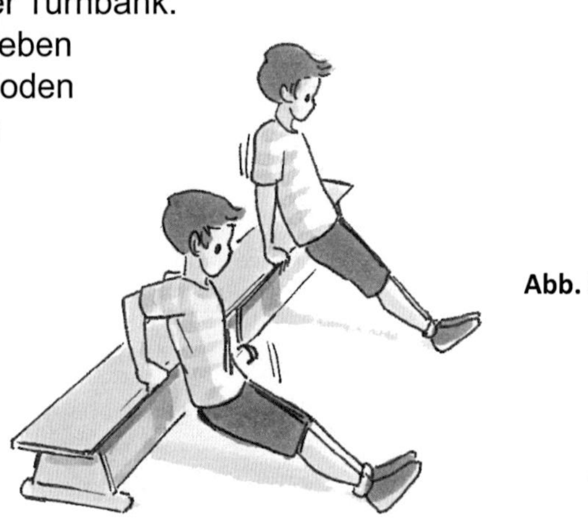

Abb. 67

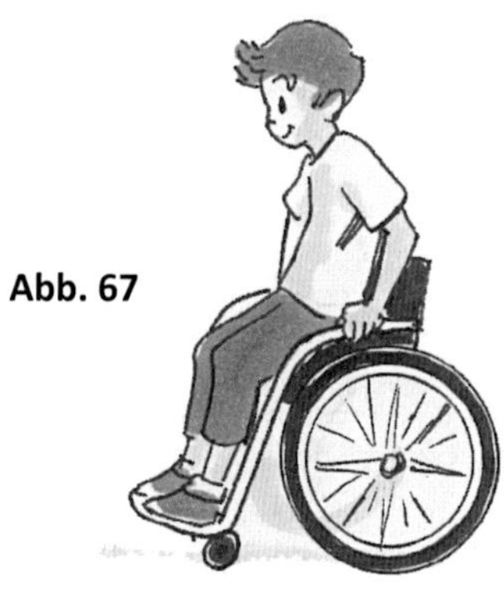

7. Kräftigung der Oberschenkelmuskulatur

Schüler A und Schüler B stehen sich im leichten Grätschstand gegenüber und fassen sich an den Händen. Die Turnbank steht zwischen ihnen.
Gemeinsam langsam in die Kniebeuge gehen, bis die Oberschenkel die Waagerechte erreichen. Einen Moment in dieser Position bleiben, dann wieder in die Ausgangsstellung zurückkommen.

- Wie vor, aber im Wechsel, ein Schüler befindet sich im Stand, der andere Schüler in der Kniebeuge.

  ♿ Der Rollstuhlfahrer fährt im großen Kreis im Slalom um die Turnbänke vor- und evtl. auch rückwärts.

Inklusion im Sportunterricht
Anspruch und Möglichkeiten – Bestell-Nr. 11 308

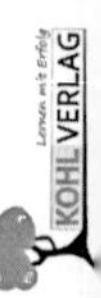

KOHL VERLAG

3. Teil (Schlussteil)

Königsball mit der Turnbank

Es werden zwei Mannschaften gebildet, die sich hintereinander auf die Turnbank stellen. Ein Schüler stellt sich 2-3 Meter davor in einen Reifen. Dieser „König“ wirft nun dem ersten Schüler seiner Reihe auf der Bank den Ball zu, dieser fängt den Ball und wirft ihn zum König zurück und setzt sich auf die Turnbank. Der König wirft den Ball nun dem zweiten Schüler zu *(siehe Skizze 12)*.

♿ Der Rollstuhlfahrer steht mit seinem Rollstuhl am Anfang seiner Mannschaft. und fährt nach erfolgtem Rückspiel zum König etwas zur Seite.

👁 Der König übergibt dem sehbehinderten Schüler den Ball, der wiederum den Ball geradeaus werfen muss. „Hier – hier – hier“ – Rufe unterstützen dabei.

Sollte ein Schüler den Ball nicht fangen, so muss er den Ball schnell zurückholen, sich an den angestammten Platz stellen und vor dort zurückwerfen. Sieger ist die Mannschaft, die zuerst in einer Reihe auf ihrer Bank sitzt und der zurückgeworfene Ball beim König im Reifen liegt.

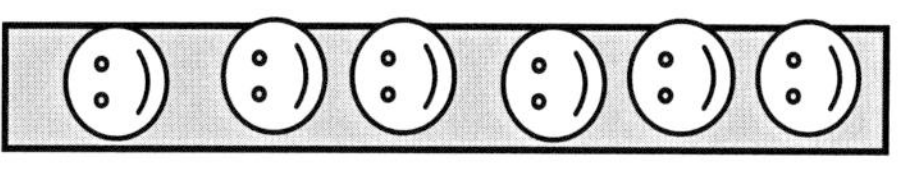 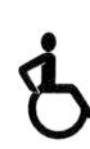 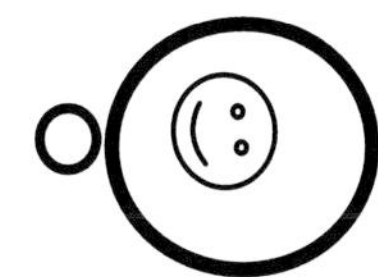

Skizze 12

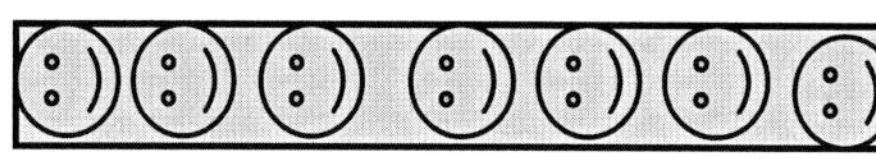 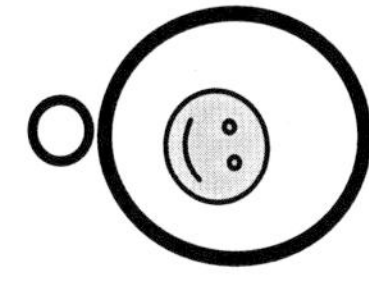

8 Balancieren

Ziele	• Wahrnehmungsfähigkeiten verbessern, Bewegungserfahrungen erweitern • Etwas wagen und verantworten • Das Leisten erfahren, verstehen und einschätzen
Thema/ Bewegungsangebot	Balancier- und Gleichgewichtsübungen an Turnbänken und Stützbarren
Förderschwerpunkte	• Gehen, Balancieren, Stützen • Den Körper im Gleichgewicht halten oder das Gleichgewicht wieder herstellen • Gleichgewichts-, Orientierungs- und Anpassungsfähigkeit • Grundtätigkeiten Gehen, Balancieren und Stützen
Benötigte Geräte	2 Turnbänke, 1-2 Stützbarren (verstellbar), 2 Turnmatten, 4 kleine Kästen, 1 Weichboden, 2 Sprungbretter, 2 Medizin- oder Basketbälle

Hinweise

Im Mittelpunkt dieser Stunde stehen Spiel- und Übungsformen zum Schulen, Halten und Wiederherstellen des Gleichgewichts. Zunächst wird an Turnbänken geübt, später kommen Handgeräte dazu und anschließend folgen Übungsformen an Stützbarren, wobei die Geräte auch kombiniert werden. Der Einsatz von Großgeräten wie der Stützbarren erweist sich immer wieder als motivierend für die Schüler. Durch die Veränderung der Holme ergeben sich neue Bewegungsmöglichkeiten, die viele Schüler so noch nicht kennen.

Durch die Auswahl und Variationsmöglichkeiten der Übungen kann häufig eine Binnendifferenzierung vorgenommen werden, sodass motorisch schwächere Schüler, Rollstuhlfahrer und sehbehinderte Schüler in der Regel alle Übungsformen mitmachen können und auch die angestrebten Übungswirkungen erzielt werden.

Geräteaufbau

Da es sich um einen umfangreichen Geräteaufbau handelt, werden alle Geräte zu Beginn der Erwärmung nach Ansage der Lehrkraft gemeinsam aufgebaut bzw. bereitgestellt, wobei die Schüler anteilige Aufgaben übernehmen. Alle drei Stundenteile werden unter Einbeziehung der Geräte durchgeführt *(siehe Skizze 13 auf der nächsten Seite)*.
Beim Einsatz der Stützbarren ist besondere Vorsicht geboten, der Lehrer ist immer persönlich dabei.

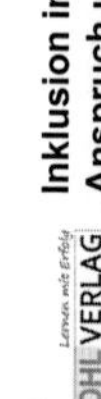

8 Balancieren

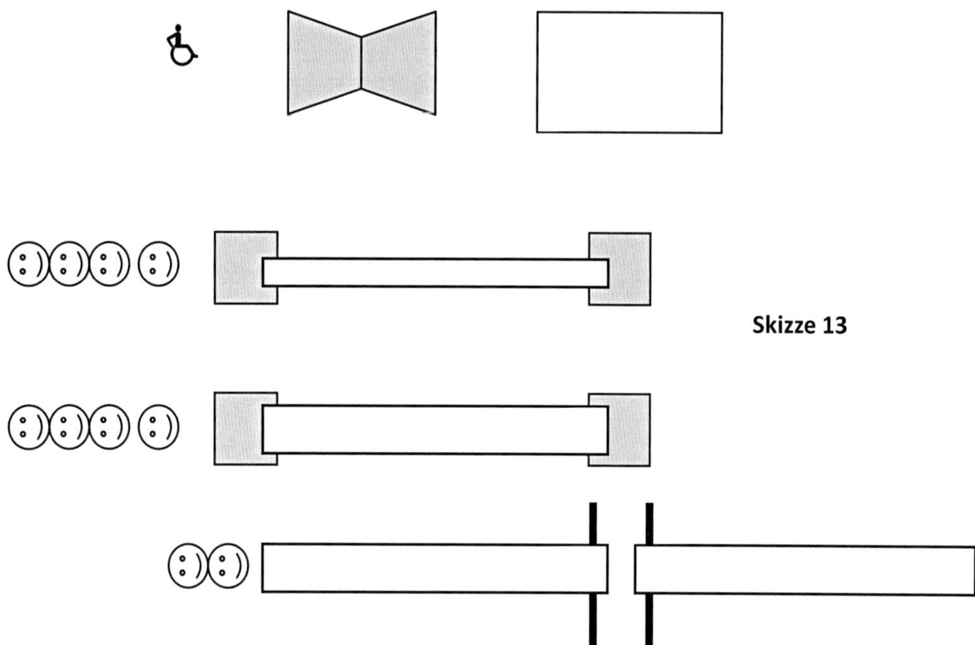

Skizze 13

1. Teil (Erwärmung)

Die Turnbank steht vorn und hinten auf kleinen Kästen *(siehe Skizze 13)*, je nach Anzahl der Schüler wird an einer Turnbank oder an zwei Turnbänken geübt. *(siehe Skizze 14)*.

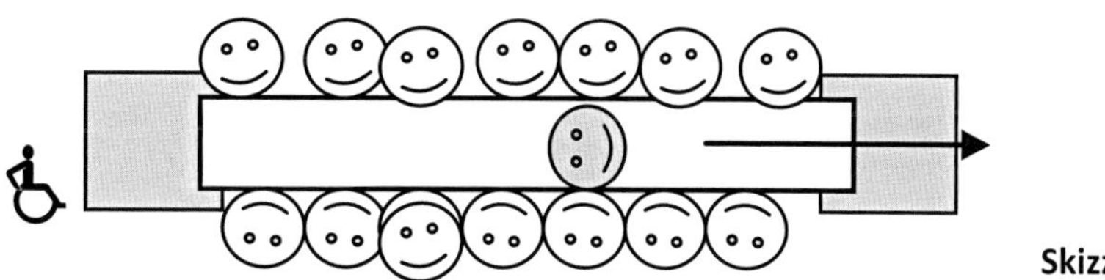

Skizze 14

- Alle Schüler stehen sich paarweise an den Längsseiten der Turnbank gegenüber und fassen die Sitzfläche von unten und heben sie etwas an. Nun steigt der übende Schüler mit Hilfe des Lehrers vom kleinen Kasten auf die „Wackelbrücke“ und geht vorsichtig balancierend zur anderen Seite. Dort steigt er wieder auf den kleinen Kasten hinab. Schon kann der nächste Schüler aufsteigen, der erste nimmt seinen Platz ein. Es müssen alle Schüler einmal über die gehaltene Turnbank gegangen sein *(Abb. 68)*.

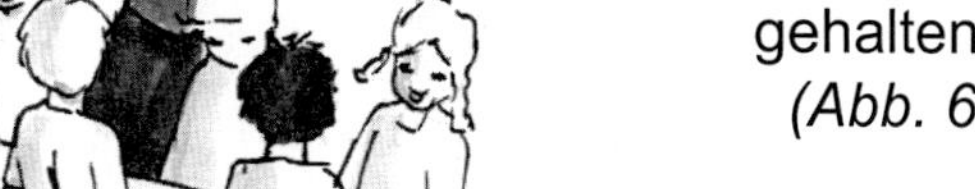

Abb. 68

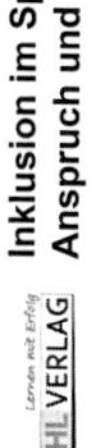

- Wie vorher, aber auch an der umgedrehten Turnbank versuchen.

> *Bei dieser Übung tragen alle Verantwortung und sind in das Übungsgeschehen gleichermaßen aktiv eingebunden. Der übende Schüler auf der Bank kann sich mit leichter Oberkörpervorlage an den Schultern der Schüler festhalten.*

♿ Der Rollstuhlfahrer kann beim Auf- und Absteigen Hilfe und Unterstützung durch das Reichen der Hand geben.

- Zwei bis drei Schüler stehen an den Seiten des Rollstuhls und heben ihn gemeinsam an und bringen ihn in Schwingungen vor- und zurück. Vorsichtig wieder auf den Boden setzen *(Abb. 69)*.

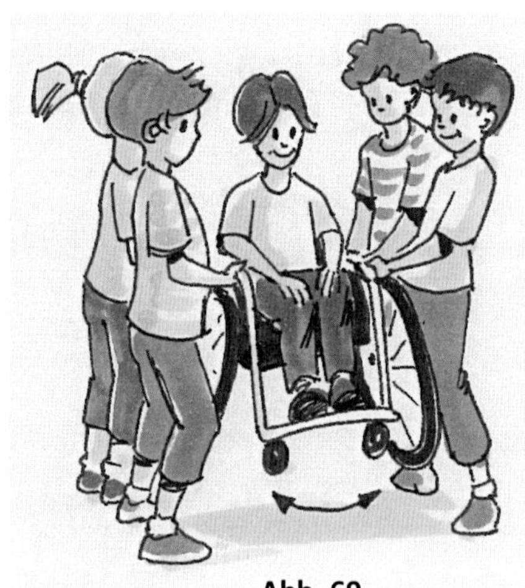

Abb. 69

2. Teil (Hauptteil)

Der Hauptteil beinhaltet vier Schwerpunkte a – b – c und d. Der Lehrer kann unter Berücksichtigung der Voraussetzungen seiner Klasse auswählen und eventuell auch nur die Teile a und c durchführen. Die Vielzahl der Übungen ermöglicht immer wieder eine Binnendifferenzierung.

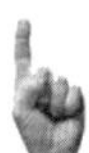

Wichtig: Balancieren über die Sitzfläche der Turnbank. Die kleinen Kästen stehen hochkant mit der Lederfläche nach innen – die Turnbank wird eingehängt.
Balancieren über den Balken der Turnbank (umgedreht). Die kleinen Kästen stehen normal, die Turnbank wird auf die Lederflächen der kleinen Kästen aufgelegt. Eventuell muss am Ende ein Schüler sichern.

Tipp: ***Die Schüler entscheiden selbst, ob sie über die hochgelegte Sitzfläche oder über den Balken der Bank balancieren.***
Es hat sich bewährt, erst an der breiten Seite zu beginnen und dann zu steigern. Es kann aber auch je nach Aufgabe variiert werden.

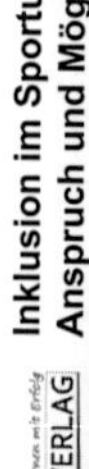

Inklusion im Sportunterricht
Anspruch und Möglichkeiten – Bestell-Nr. 11 308

8 Balancieren

A)
- Balancieren vorwärts, über die Turnbank, evtl. auch im Vierfüßlergang.
- Balancieren vorwärts, dabei einen Ball hoch über den Kopf halten.
- Balancieren vorwärts, dabei einen Ball vorwärts auf der Bank rollen.
- Balancieren seitwärts.
- An jeder Seite der Turnbank steht ein Schüler – aufeinander zugehen und in der Mitte der Turnbank aneinander vorbeigehen, ohne herunterzufallen *(Abb. 70)*.

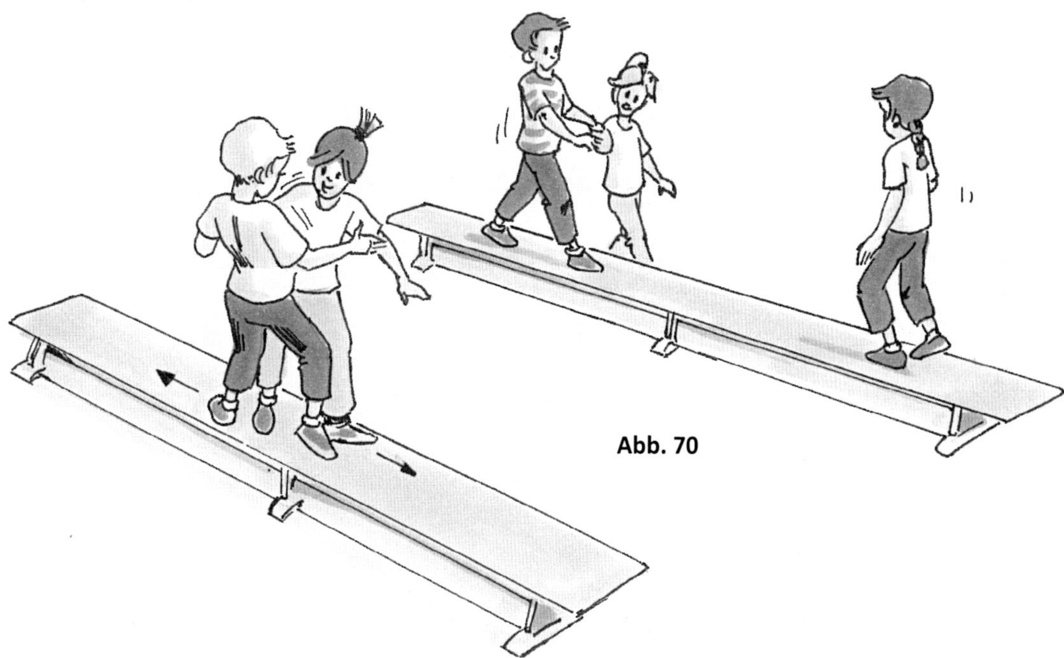

Abb. 70

Der sehbehinderte Schüler entscheidet bzw. wählt selber, ob er die Übung selbstständig oder mit Hilfestellung (Handfassung) oder akustischen Hilfen durchführen möchte

Der Rollstuhlfahrer fährt im großen Oval oder im Slalom um die Geräte und
- trägt dabei einen Medizinball auf dem Schoß,
- mit einer Hand auf dem Kopf,
- führt eine ganze Drehung aus
- und rollt einen großen Pezziball neben sich her, ohne den Kontakt zu verlieren.
- prellt einen Ball neben sich her *(Abb. 71)*.

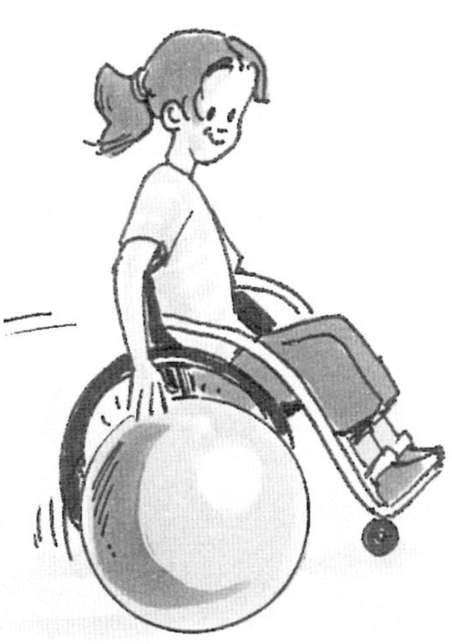

Abb. 71

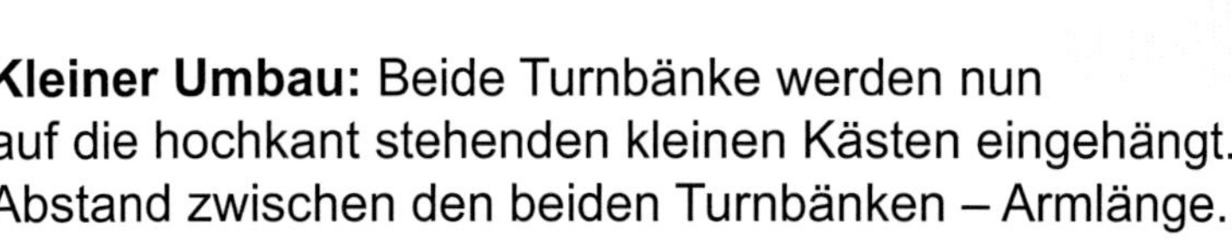

Kleiner Umbau: Beide Turnbänke werden nun auf die hochkant stehenden kleinen Kästen eingehängt. Abstand zwischen den beiden Turnbänken – Armlänge.

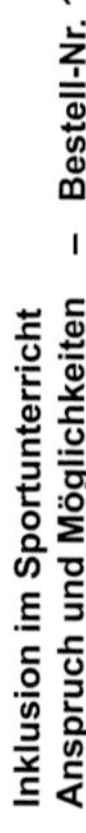

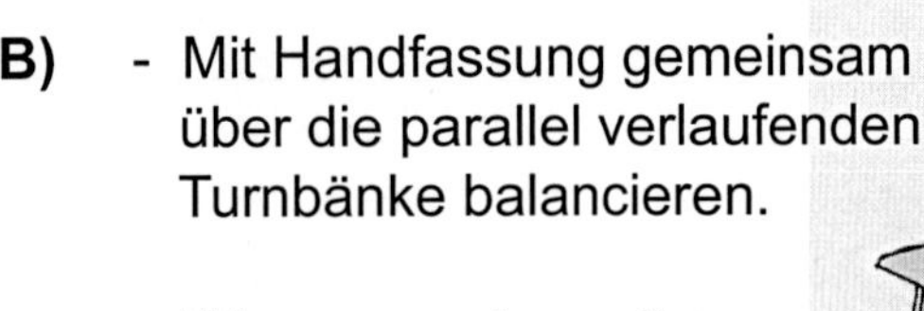

B) - Mit Handfassung gemeinsam über die parallel verlaufenden Turnbänke balancieren.

- Wie zuvor, aber mit der freien Hand einen Ball unter dem Arm oder auf dem Kopf tragen.

- Mit Handfassung: Ein Schüler geht vorwärts, ein Schüler geht rückwärts. Rollentausch vornehmen *(Abb. 72)*.

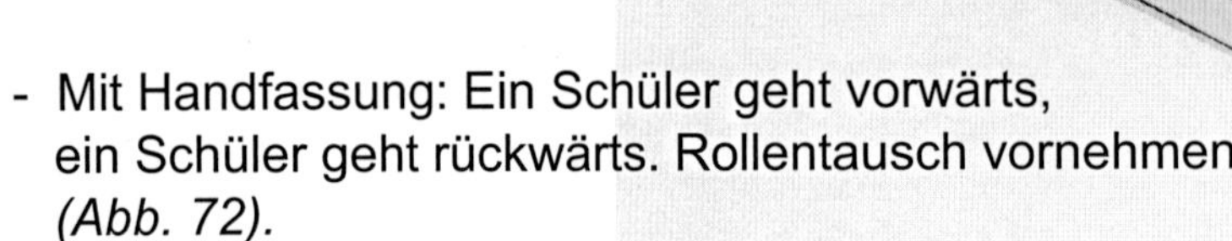

Abb. 72

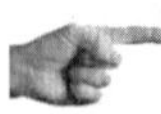 *Diese Übungen können natürlich auch auf umgedrehten Turnbänken ausgeführt werden.*

♿ Der Rollstuhlfahrer fährt außen neben der Turnbankgasse, der balancierende Schüler legt dabei seine Hand auf die Schulter (den Kopf) des Rollstuhlfahrers.

Kleiner Umbau: Die beiden Turnbänke werden nun auf die Holme des bereitstehenden Stützbarrens eingehängt und zusätzlich mit Sprungseilen festgebunden (gesichert – damit sie nicht seitlich wegrutschen kann).

C) - Auf allen Vieren auf der ansteigenden Seite der Bank und anschließend vorsichtiges Aufrichten und langsames Hinabgehen auf der absteigenden Breitseite der Bank.

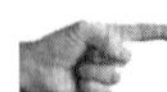 *Der Lehrer oder ein Mitschüler reicht eventuell die Hand als Hilfe.*

- Wie zuvor, aber langsames Vorwärtsgehen auf der ansteigenden Bank und vorsichtiges Abwärtsgehen auf der abfallenden Bank.

- Zu zweit mit Handfassung: Ein Schüler geht rück- und der andere Schüler geht vorwärts. Beim nächsten Durchgang wechseln.

- An jeder Seite der Turnbank steht ein Schüler – aufeinander zugehen und in der Mitte mit Hilfe der Holme des Stützbarrens aneinander vorbeigehen, ohne herunterzufallen.

  ♿ Der Rollstuhlfahrer fährt erst über die aneinandergelegten Sprungbretter (schräge Ebene) und anschließend über die Turnmatte vor- und rückwärts.

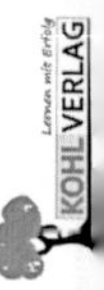

Kleiner Umbau: Die Turnbänke werden vom Stützbarren entfernt. Die Holme des Stützbarrens werden an einer Seite hochgestellt, sodass eine Berg-Bahn entsteht. Wenn ein zweiter Barren vorhanden ist kann man sehr schnell eine Berg- und Talbahn zusammenstellen. In der Mitte des Stützbarrens oder zwischen den beiden Barren liegt immer ein Weichboden als Absicherung.

- Über den kleinen Kasten die Barrenholme erklettern und dann auf allen Vieren über die Barrenholme gehen.

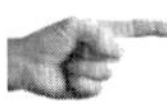 *Bei ängstlichen Schülern geht der Lehrer anfangs nebenher und spricht aufmunternd zu.*

- Wie zuvor, aber versuchen, sich immer mehr aufzurichten. Der rechte Fuß ist auf dem rechten und der linke Fuß auf dem linken Holm. Mit kleinen Schritten langsam vorwärts gehen.

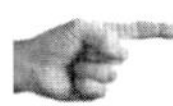 *Notfalls immer wieder mit den Händen die Holme greifen.*

♿ Der Rollstuhlfahrer fährt über seine eigene Hindernisbahn, und zwar mit einem Rad über die Hindernisse und mit der anderen Seite auf dem Boden.

- Beide Hände auf einem Holm und beide Füße auf einem Holm, so kleinschrittig seitwärts gehen *(Abb. 73)*.

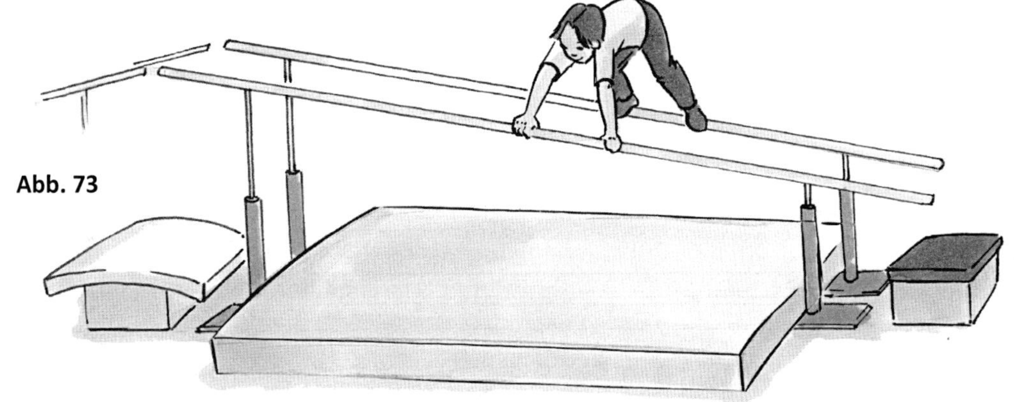

Abb. 73

♿ Der Rollstuhlfahrer fährt erst über die aneinandergelegten Sprungbretter (schräge Ebene) und anschließend über **zwei** übereinanderliegenden Turnmatten vor- und rückwärts.

KOHL VERLAG Inklusion im Sportunterricht Anspruch und Möglichkeiten – Bestell-Nr. 11 308

- Eine Aufgabe zu zweit (eventuell für einen leistungsschwachen und einen leistungsstarken Schüler): Mit Handfassung – Schüler A geht vorwärts und Schüler B geht rückwärts *(Abb. 74)*.

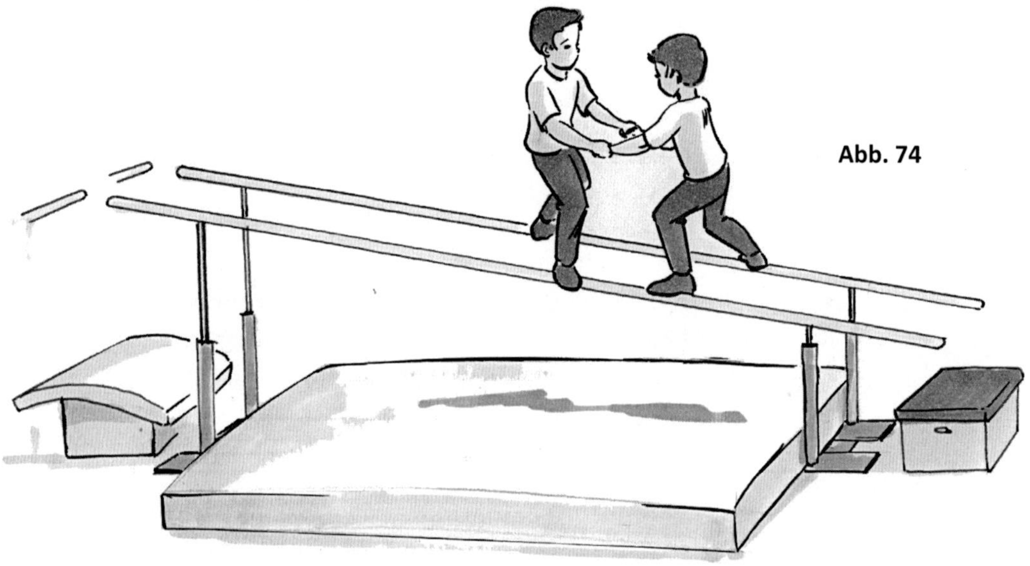

Abb. 74

♿ Der Rollstuhlfahrer fährt erst über die aneinandergelegten Sprungbretter (schräge Ebene) und anschließend über **zwei versetzt** übereinanderliegende Turnmatten vorwärts und rückwärts.

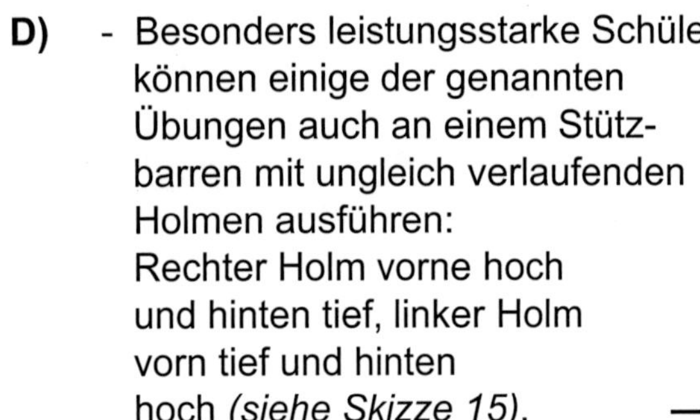

D) - Besonders leistungsstarke Schüler können einige der genannten Übungen auch an einem Stützbarren mit ungleich verlaufenden Holmen ausführen: Rechter Holm vorne hoch und hinten tief, linker Holm vorn tief und hinten hoch *(siehe Skizze 15)*.

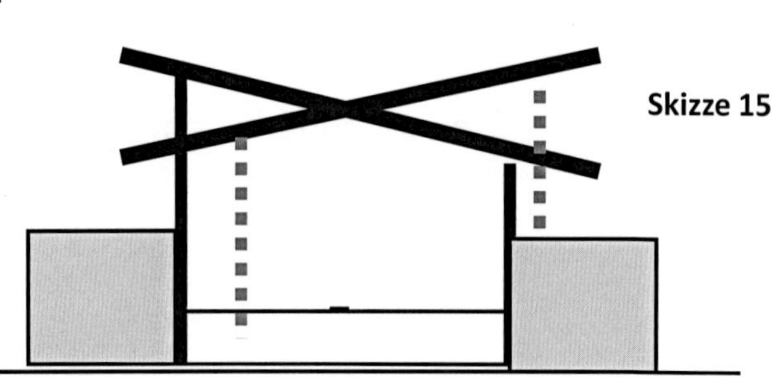

Skizze 15

Alle Geräte werden von den Schülern nach Ansage des Lehrers weggeräumt und an die vorgesehenen Standorte zurückgebracht.
Eventuell kann nach Absprache die nächste Klasse die Geräte verwenden, dann kann der Abbau entfallen.

KOHL VERLAG Inklusion im Sportunterricht Anspruch und Möglichkeiten – Bestell-Nr. 11 308

3. Teil (Schlussteil)

Tunnelball

Es werden zwei Mannschaften gebildet, die sich im Grätschstand dicht hintereinander aufstellen. Der erste Schüler aus der Reihe rollt den Medizinball durch die gegrätschten Beine nach hinten. Der letzte Schüler in der Reihe nimmt den Ball auf, läuft mit ihm nach vorn und rollt den Ball wieder durch die gegrätschten Beine usw. Wenn der Ball im Tunnel hängen bleibt, dürfen die anderen Kinder mit den Händen nachhelfen. Sieger ist die Mannschaft, deren Anfangsspieler als Erster wieder mit dem Ball vorn am „Tunneleingang" steht *(Abb. 75)*.

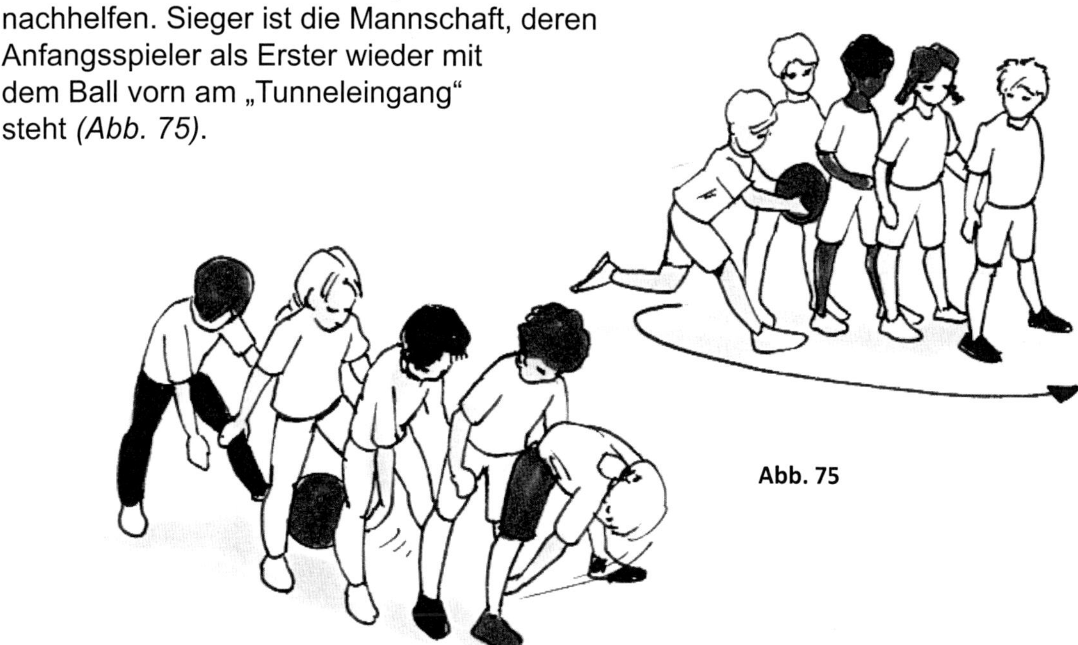

Abb. 75

♿ Der Rollstuhlfahrer steht am Ende der Mannschaft, ihm wird der Ball vom vorletzten Schüler angereicht, dann fährt er nach vorn und gibt ihn über Kopf an den Hintermann weiter, der ihn wieder durch die gegrätschten Beine rollt.

👁 Der sehbehinderte Schüler steht als letzter in seiner Gruppe und wartet dort kniend auf den Ball. Er nimmt ihn auf und läuft mit aktustischer Hilfe „hier – hier – hier" zum Anfang der Mannschaft.

9 Kleine Spiele

Ziele	• Kooperieren, wettkämpfen und sich verständigen • Etwas wagen und verantworten • Das Leisten erfahren, verstehen und einschätzen
Thema/ Bewegungsangebot	Kleine Spiele „spielen“
Förderschwerpunkte	• Gehen, Laufen • Schnelligkeitsausdauer und allgemeine Ausdauer • Orientierungs- und Anpassungsfähigkeit
Benötigte Geräte	2-4 Turnbänke, 6-8 Turnmatten, 4 Markierungskegel, 2 Medizinbälle, 2 Gymnastikreifen

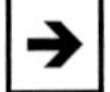

Hinweise

Im Mittelpunkt dieser Stunde steht das Spielen „Kleiner Spiele“, zunächst allein und später in Gruppen bzw. Mannschaften.
Die Auswahl der Spiele erfolgt so, dass im 1. Teil (Erwärmung) der Stunde „Alle alles mitmachen“ müssen/können, im 2. und 3. Teil manchmal nur einige Schüler beansprucht werden, weil sie nacheinander Aufgaben übernehmen. Der Übergang zwischen den einzelnen Stundenteilen ist bei diesem Beispiel fließend. Der Lehrer wählt aus diesem Angebot aus, eventuell werden einige Spielformen weggelassen oder andere ergänzt und variiert.
Das Spielangebot ermöglicht allen Schülern, (auch motorisch Leistungsschwächeren, Rollstuhlfahrern und sehbehinderten Kindern) einen gleichberechtigten Einsatz.

1. Teil (Erwärmung)

Seitenwechsel mit Fangen

Die Schüler stehen nebeneinander an einer Schmalseite des Spielfeldes, in dessen Mitte sich ein oder zwei bis drei Fänger befinden. Auf ein Zeichen des Lehrers versuchen die Läufer auf die gegenüberliegende Seite zu gelangen, ohne abgeschlagen zu werden. Wer es schafft, erhält einen Punkt. Die Fänger schlagen möglichst viele Läufer ab, dürfen aber ihren Fangstreifen (Zone, ca. 2-4 m breit) in der Mitte des Spielfeldes nicht verlassen. Die abgeschlagenen Läufer scheiden nicht aus, sondern spielen beim nächsten Durchgang wieder mit *(siehe Skizze 16)*.

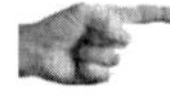

Bei jedem Durchgang werden neue Fänger bestimmt.

Der sehbehinderte Schüler entscheidet bzw. wählt selber, ob er die Übung selbstständig oder mit Hilfestellung (Handfassung) durchführen möchte.

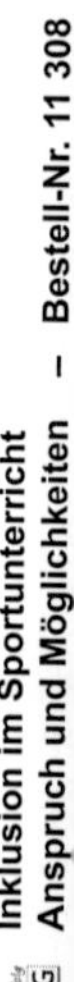

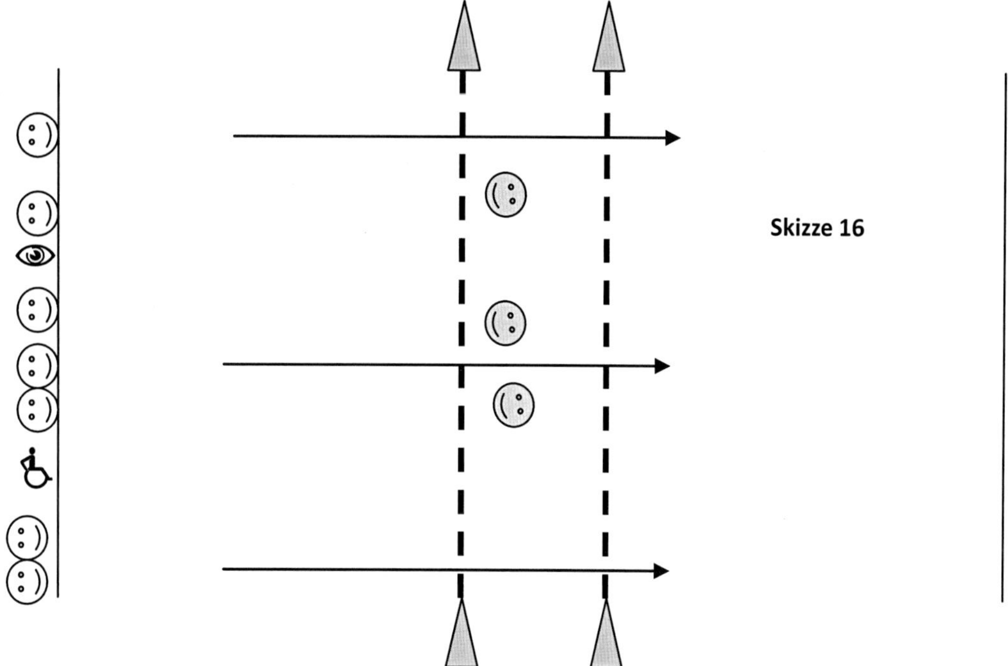

- Wie zuvor, aber die Fänger bewegen sich nur auf Matten oder auf Turnbänken. In der Mitte der Sporthalle werden Matten ausgelegt oder Turnbänke aufgestellt.

2. Teil (Hauptteil)

Zu Beginn des Hauptteils werden 2 Mannschaften gebildet, die sich nebeneinander auf ihrer Turnbank aufstellen *(siehe Skizze 17)*.

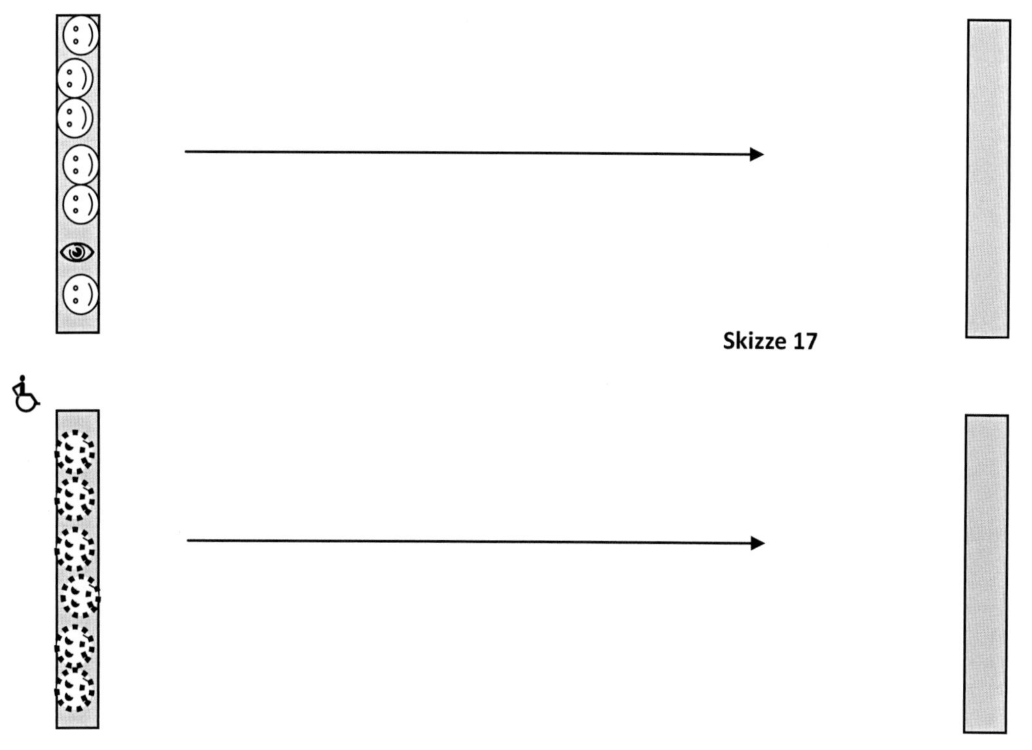

- <u>Gruppenwettlauf:</u> Auf ein Zeichen des Lehrers starten beide Mannschaften aus dem Stand von ihrer Bank und laufen mit Handfassung gemeinsam zur anderen Seite. Welche Mannschaft steht zuerst wieder nebeneinander auf der gegenüberstehenden Bank *(Abb. 76)*?

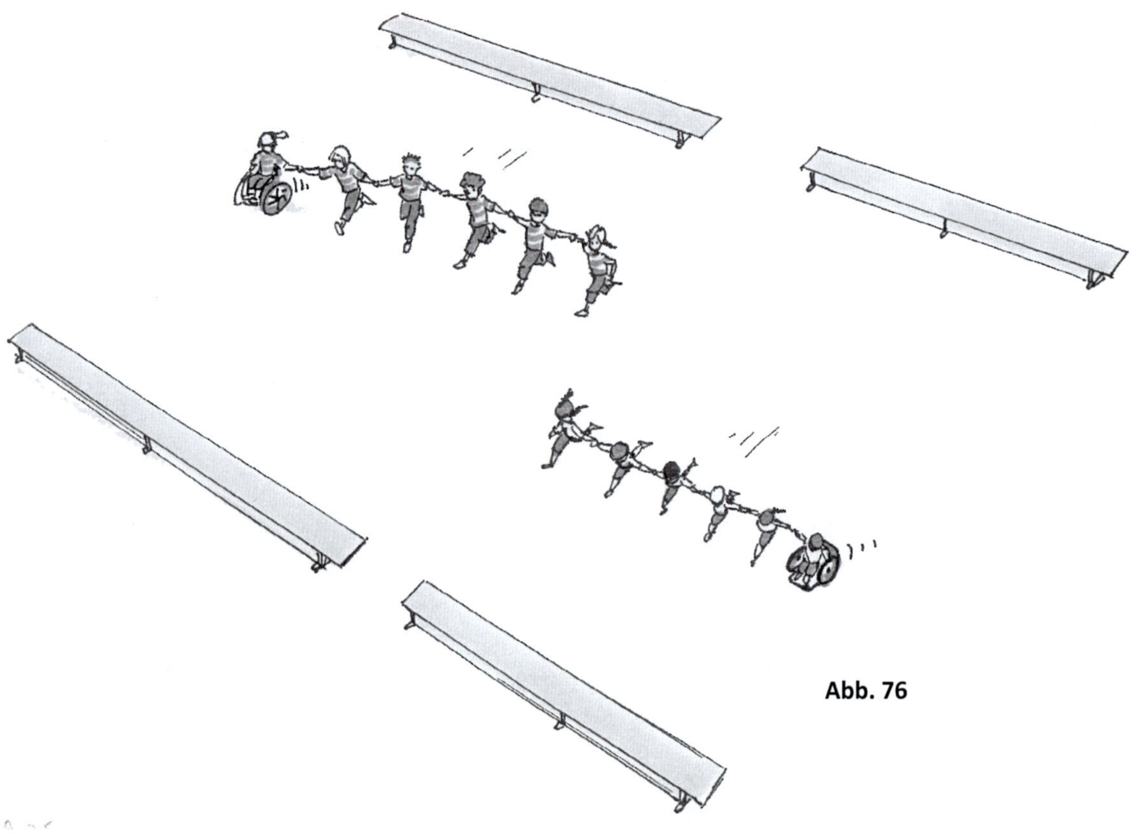

Abb. 76

> *Im Vordergrund steht immer die vollbrachte gemeinschaftliche Leistung der jeweiligen Gruppe. Die Handfassung bleibt während des Laufens bestehen. Wenn die Kette reißt, hat die Mannschaft diesen Durchgang verloren.*

♿ Der Rollstuhlfahrer fährt ganz außen. Der neben ihm stehende Schüler stellt den Kontakt mit Handfassung am Rollstuhl oder an der Schulter her.

- Wie zuvor, aber welche Mannschaft sitzt zuerst mit Blickrichtung nach innen auf ihrer Turnbank?

- <u>Gruppenwettlauf mit Drehung</u>: In der Mitte des Laufweges muss die Mannschaft sich einmal um sich selbst drehen (360 Grad). Wenn die Ausgangsstellung wieder erreicht ist, wird weiter zur gegenüberliegenden Turnbank gelaufen *(siehe Abb. 77 auf der nächsten Seite)*.

> *Auch bei dieser Spielform bleibt die Handfassung immer bestehen.*

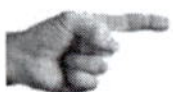

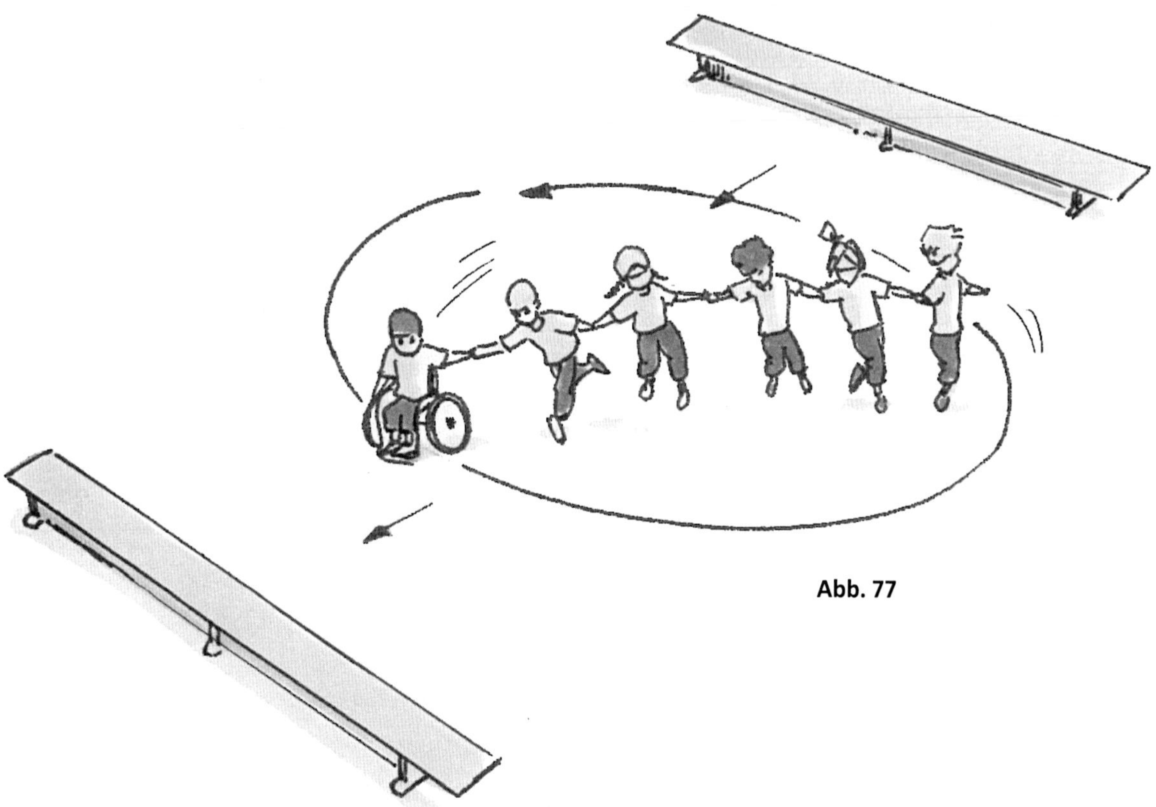

Abb. 77

- Weitere Variationsmöglichkeiten: Mit dem Rücken zur Laufrichtung starten – eventuell die Fortbewegungsart verändern, z.B. auf allen Vieren oder auf einem Bein hüpfen usw..

Kleiner Umbau: Die Turnbänke werden nun längs zur Laufrichtung aufgestellt *(siehe Skizze 18)*. Die beiden Mannschaften stehen hintereinander in Reihe auf ihrer Turnbank. Die Hände liegen auf den Schultern des Vordermannes.

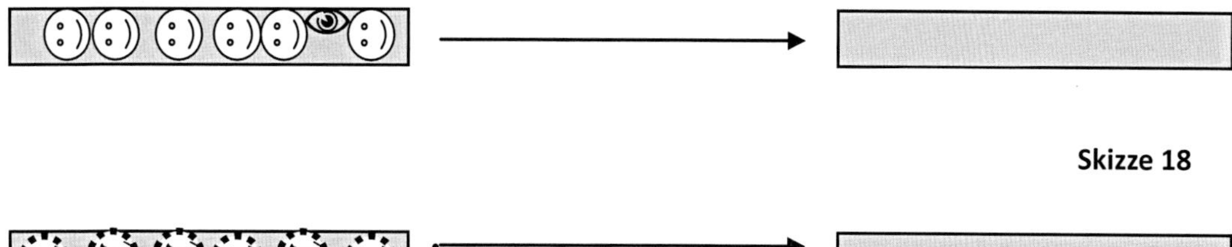

Skizze 18

- Gruppenwettlauf in Reihe: Auf ein Zeichen des Lehrers starten beide Mannschaften aus dem Stand von ihrer Bank und laufen mit Handfassung auf den Schultern des Vordermannes gemeinsam zur anderen Seite. Welche Mannschaft steht zuerst wieder hintereinander auf der gegenüberstehenden Bank?

  ♿ Der Rollstuhlfahrer fährt ganz vorn. Der hinter ihm stehende Schüler schiebt etwas nach. Auf der anderen Seite fährt er an einer Längsseite vorbei und stellt sich am anderen Ende der Turnbank auf.

- Wie zuvor, aber aus dem Grätschsitz in den Grätschsitz.

KOHL VERLAG Inklusion im Sportunterricht Anspruch und Möglichkeiten – Bestell-Nr. 11 308

- Wackelschlange: Die beiden Mannschaften stehen mit ihrer linken Seite an den Längsseiten der Turnbank hintereinander. Jeder Schüler greift mit seiner rechten Hand durch die gegrätschten Beine nach hinten, wo der Hintermann mit der linken Hand zufasst. Nun vorsichtig langsam vorwärts gehen, damit die Handfassung nicht abreißt. Die gegenüberliegende Turnbank umrunden und anschließend auch um die eigene Turnbank bis die Ausgangsstellung wieder erreicht wird *(Abb. 78)*.

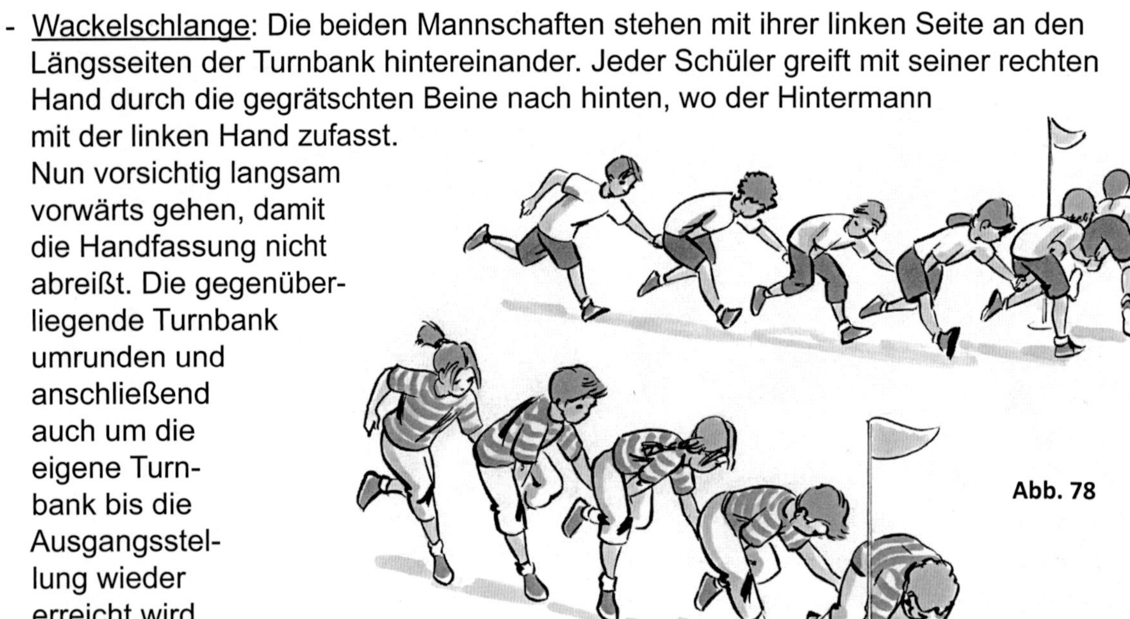

Abb. 78

> *Sollte die Schlange reißen, kann diese Mannschaft nicht gewertet werden. Der Rollstuhlfahrer fährt am Anfang seiner Mannschaft. Der nächste Schüler hat Kontakt mit beiden Händen am Rollstuhl.*

Die Turnbänke werden auf Anweisung des Lehrers an die Standorte zurückgebracht.

3. Teil (Schlussteil)

Austauschstaffel

Die beiden Mannschaften bleiben bestehen, wobei sich die beiden Hälften jeder Mannschaft gegenüberstehen *(siehe Skizze 19)*. Bei dieser Staffel starten die ersten Schüler jeder Seite gleichzeitig. Sie tragen je ein Handgerät, z.B. die Schüler von rechts einen Medizinball, die Schüler von links einen Gymnastikreifen. Irgendwo auf der Laufstrecke treffen sie sich und tauschen die Handgeräte aus. Anschließend laufen sie zu ihrem Ausgangspunkt zurück und übergeben dort die Gegenstände an den nächsten Läufer. Es gewinnt die Mannschaft, die zuerst durch ist.

♿ Der Rollstuhlfahrer transportiert die Handgeräte auf seinem Schoß.

👁 Der sehbehinderte Schüler erhält Hilfe durch die Zurufe: „Hier – hier – hier!"

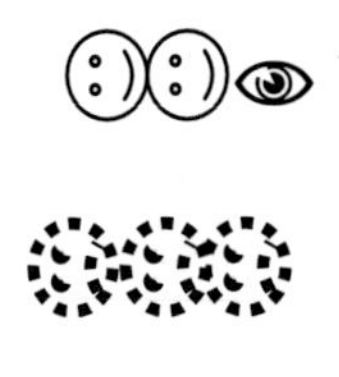

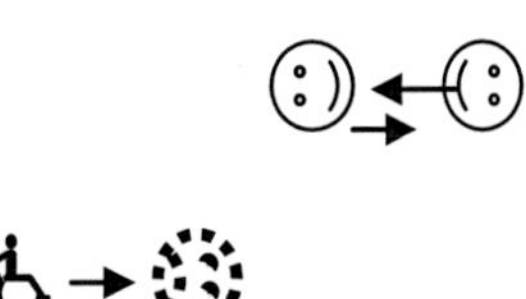

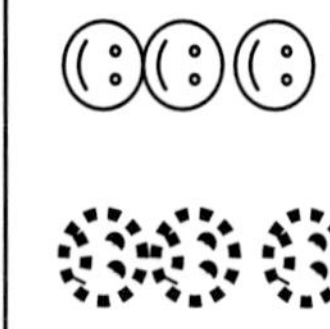

Skizze 19

Inklusion im Sportunterricht
Anspruch und Möglichkeiten – Bestell-Nr. 11 308
KOHL VERLAG

10 Schwungtuch

Ziele	• Wahrnehmungsfähigkeiten verbessern, Bewegungserfahrungen erweitern • Etwas wagen und verantworten • Das Leisten erfahren, verstehen und einschätzen
Thema/ Bewegungsangebot	Spiel- und Übungsformen mit dem Schwungtuch
Förderschwerpunkte	• Gehen, Laufen, Schwingen • Krauftausdauer und Geschicklichkeit • Orientierungs- und Anpassungsfähigkeit
Benötigte Geräte	1 bis 2 Schwungtücher, 6-8 Markierungskegel, 4-6 Bälle (Softbälle)

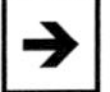

Hinweise

Schwungtücher gehören ganz besonders zu den motivierenden Geräten im Schul- und Vereinssport. Alle Schüler können aktiv mitmachen und erleben positive Situationen für soziales Lernen. Schwungtücher mit Griffschlaufen gibt es in verschiedenen Ausführungen von 3,5 bis 7 Meter Durchmesser.
Damit möglichst alle Schüler einer Klasse mitmachen können und auch ausreichend Platz zum Nebenschüler haben, sollte das Schwungtuch mindestens einen Durchmesser von 5 Metern haben. Diese Stunde ist schnell zu organisieren, weil schon in der Erwärmung erste Übungen mit dem Schwungtuch in einer etwas anderen Anwendung durchgeführt werden.
Das Spiel- und Übungsangebot ermöglicht allen Schülern, (auch motorisch leistungsschwächeren, Rollstuhlfahrern und sehbehinderten Kindern) einen gleichberechtigten Einsatz.

1. Teil (Erwärmung)

Das Schwungtuch wird in der Mitte der Sporthalle auf den Boden gelegt und unter Mithilfe von allen (evtl. auch nur von einigen) Schülern wie zu einem dicken Tau zusammengerollt. Das „Schwungtuchtau" wird nun an die Ablauflinie gebracht und dort abgelegt.

- Alle Schüler stellen sich an der Grundlinie nebeneinander hinter das „Tau", nehmen es auf, sodass es sich vor dem Körper (vor dem Bauch) befindet *(siehe Skizze 20 auf der nächsten Seite).*
  Gemeinsamer Lauf bis zur ersten Linie, das „Tau" auf die Linie legen, darüber steigen, sich umdrehen und das „Tau" wieder aufnehmen und zur Grundlinie zurücklaufen. Das „Tau" auf die Grundlinie legen, darüber steigen und nun gemeinsam zur zweiten Linie laufen usw. *(siehe Abb. 79 auf der nächsten Seite).*

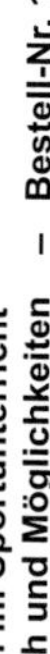

Inklusion im Sportunterricht
Anspruch und Möglichkeiten – Bestell-Nr. 11 308

10 Schwungtuch

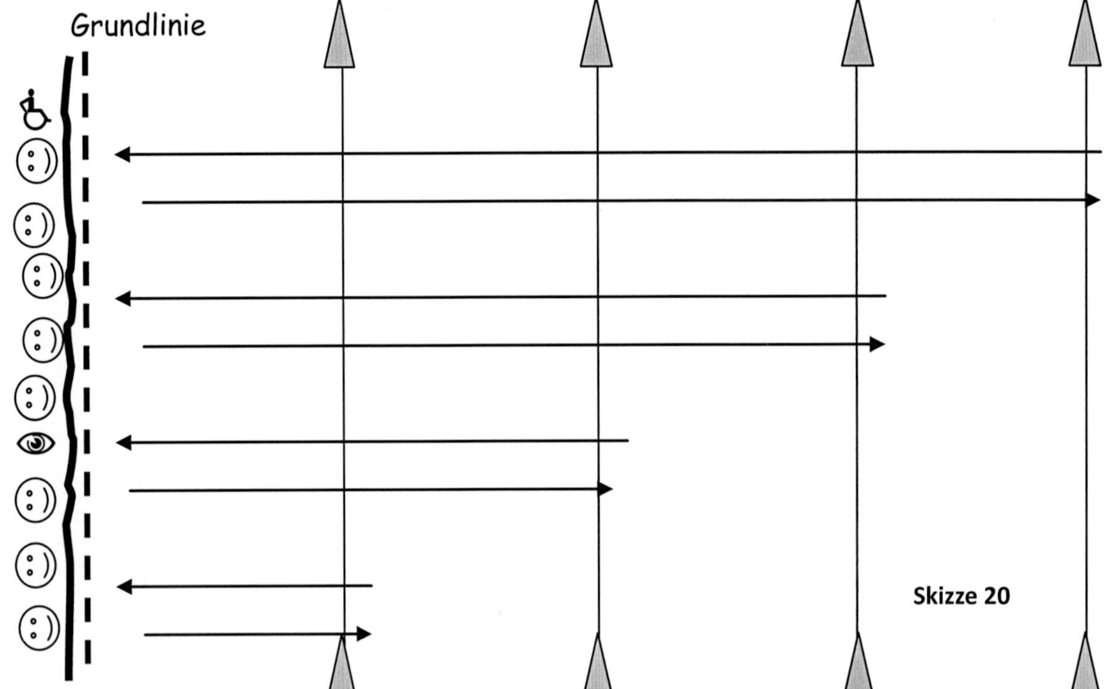

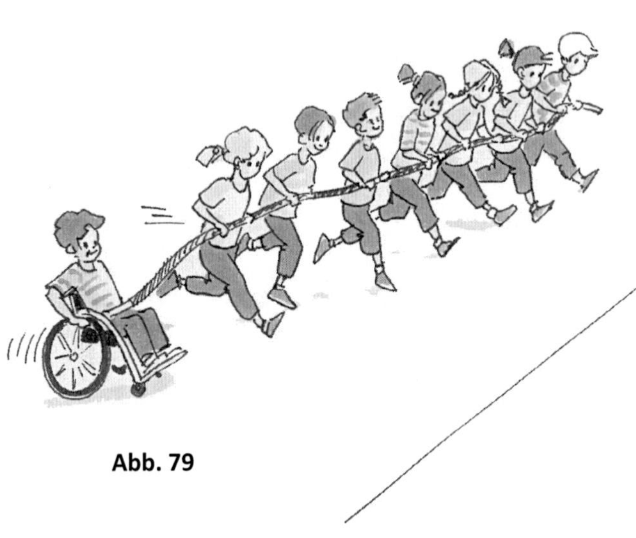

Abb. 79

Darauf achten, dass ein langsames Tempo gelaufen wird und alle Schüler sich auf einer Höhe befinden. Der Lehrer gibt nach dem Aufnehmen des „Taus" das Zeichen zum Laufen: „Gemeinsam loslaufen und immer auf einer Höhe nebeneinander bleiben!"

♿ Der Rollstuhlfahrer nimmt das Tauende auf seinen Schoß! Er kann auch mittig fahren.

👁 Das sehbehinderte Kind läuft mittig in der Gruppe mit.

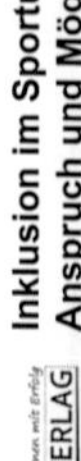

- So gemeinsam drei bis vier Linien ablaufen *(siehe Skizze 20)*.

> ☞ *Darauf achten, dass das Schwungtuch immer zusammengerollt bleibt und den Schülern bewusst machen: „Langsam und gemeinsam nebeneinander laufen!" Die abzulaufenden Linien außen durch Markierungskegel kennzeichnen.*

2. Teil (Hauptteil)

Zu Beginn des Hauptteils werden weitere Spiel- und Übungsformen mit dem zusammengerollten Schwungtuch durchgeführt.

- Zwei bis vier Schüler halten das „Tau" etwa kniehoch zwischen sich. Alle anderen Schüler hüpfen, springen und überlaufen das Hindernis. Mehrere Durchgänge.
  ♿ Für den Rollstuhlfahrer wird das „Tau" in die Hochhalte gebracht, sodass er untendurch fahren kann.

- Alle Schüler stehen nebeneinander und fassen das „Tau" mit beiden Händen und heben es hoch über den Kopf. Danach wieder in die Ausgangsstellung zurückführen.

- Alle Schüler sitzen nebeneinander im Strecksitz und fassen das „Tau" mit beiden Händen. Das „Tau" nun gemeinsam hoch über den Kopf heben, danach den Oberkörper mit fast gestreckten Armen leicht nach vorn beugen und anschließend wieder in die „Überkopfhaltung" bringen. Mehrmals ausführen *(Abb. 80)*.

- Wie zuvor, das „Tau" wieder gemeinsam hoch über den Kopf heben und anschließend in die Rückenlage absenken. Die Arme bleiben dabei fast gestreckt. Wieder aufrichten und in die Ausgangsstellung zurückkommen.
  ♿ Der Rollstuhlfahrer legt sich bei dieser Übung das „Tau" in den Schoß.

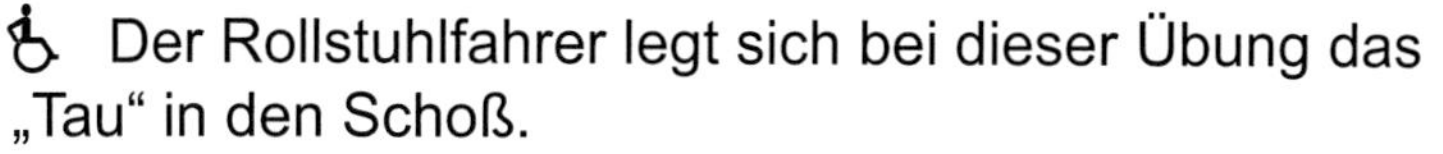

Anschließend wird das zusammengerollte Schwungtuch in die Mitte der Sporthalle gebracht und dort gemeinsam ausgerollt.

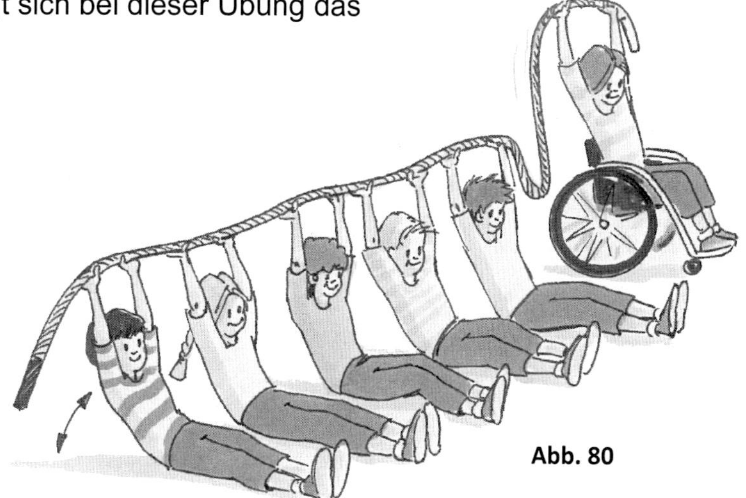

Abb. 80

10 Schwungtuch

- Alle Schüler stehen seitlich und fassen mit der rechten Hand eine Griffschlaufe oder den Rand des Schwungtuches. Langsam vorwärts gehen.

> *Die keilförmig geschnittenen und farbigen Abschnitte helfen dabei, dass jeder seinen Platz schnell findet. Das Schwungtuch sollte während der Spiel- und Übungsformen von den Schülern immer auf Spannung gehalten werden.*

♿ Der Rollstuhlfahrer fährt seitlich am Schwungtuch.

- Wie zuvor, aber auf ein Signal des Lehrers Handwechsel vornehmen, das heißt, eine halbe Drehung ausführen, mit der linken Hand das Schwungtuch fassen und vorwärts gehen.

- Wie zuvor, nach dem Handwechsel (rechts) rückwärts gehen.

- Wie zuvor, nach Handwechsel (links) rückwärts gehen.

- Wie zuvor, aber langsam vorwärts laufen.

> 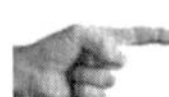 *Auf ausreichenden Abstand zwischen den Schülern achten.*

Alle Schüler stehen mit Blick nach innen rund um das Schwungtuch verteilt *(siehe Skizze 21).*

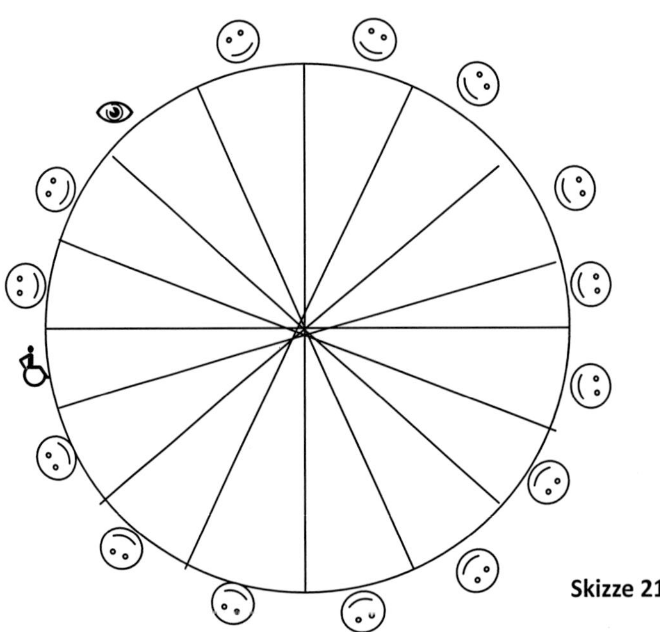

Skizze 21

KOHL VERLAG Inklusion im Sportunterricht Anspruch und Möglichkeiten – Bestell-Nr. 11 308

10 Schwungtuch

- Alle Schüler fassen das Schwungtuch mit beiden Händen und schwingen es aus den Handgelenken auf und ab: „Wellen machen“.

- Wie zuvor, aber das Schwungtuch beim dritten Mal mit fast gestreckten Armen hochschwingen und dabei einen kleinen Schritt nach vorn gehen, sodass eine große Kuppel entsteht. Danach das Schwungtuch langsam absenken lassen (nicht herunter ziehen) und wieder in die Ausgangsstellung zurückkommen.

- Wie zuvor, aber sobald das Schwungtuch eine hohe Kuppel gebildet hat, gehen die Schüler langsam rechts herum – bis es sich wieder abgesenkt hat. Dann erneut versuchen und links herumgehen.

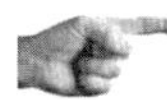 *Eventuell gibt der Lehrer das Signal zum Gehen.*

- Wie zuvor, aber sobald sich die hohe Kuppel gebildet hat, lassen die Schüler auf ein Signal des Lehrers das Schwungtuch los – das Schwungtuch in die Höhe auffliegen lassen!

- Die Schüler bringen das Schwungtuch in gewohnter Weise zur hohen Kuppel. Dann schnell zwei Schritte nach vorn gehen, sich hinhocken und das Schwungtuch hinter sich zu Boden ziehen: Alle Schüler befinden sich nun unter dem Schwungtuch. Nachdem sich das Schwungtuch abgesenkt hat, behutsam wieder in die Ausgangsstellung zurückkommen und gleich noch einmal versuchen.

  ♿ Der Rollstuhlfahrer fährt etwas weiter nach vorn unter das Schwungtuch, damit die neben ihm stehenden Schüler das Schwungtuch zu Boden ziehen können.

- Alle Schüler werden zu zweit durchnummeriert. Die Schüler bringen das Schwungtuch in gewohnter Weise zur hohen Kuppel. Auf ein Zeichen des Lehrers „Jetzt“ lassen alle Schüler mit der Nummer 1 das Schwungtuch los und laufen geradeaus zur gegenüberliegenden Seite, bevor sich das Schwungtuch abgesenkt hat. Beim nächsten Durchgang laufen alle Schüler mit den Nummern 2 zur anderen Seite. Mehrere Durchgänge *(Abb. 81)*.

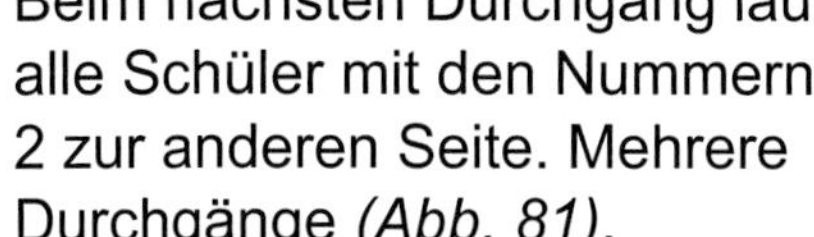

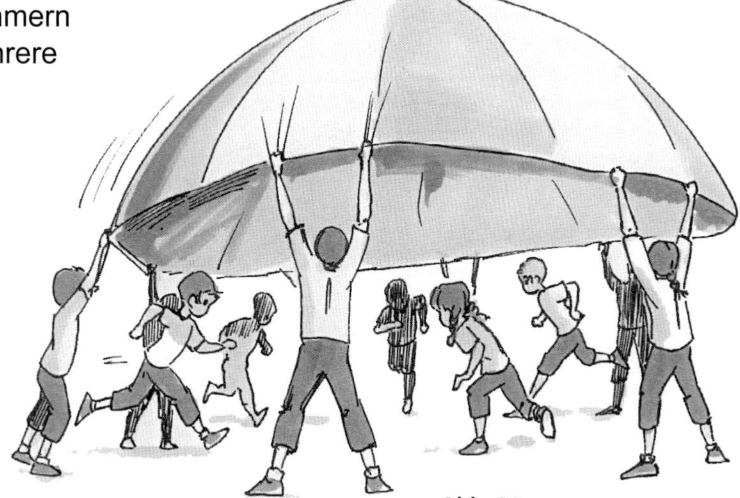

Abb. 81

👁 Das sehbehinderte Kind entscheidet bzw. wählt selber, ob es die Übung selbstständig oder mit Hilfestellung (Handfassung) durchführen möchte *(siehe Skizze 21).*

☺ 3. Teil (Schlussteil)

Ballschleuder

Es werden zwei Mannschaften gebildet: Die Nummern 1 bilden eine Mannschaft und die Nummern 2 bilden eine Mannschaft.
Alle Schüler mit der Nummer 1 verteilen sich rund um das Schwungtuch und heben es mit beiden Händen hoch. Alle Schüler mit der Nummer 2 stehen außerhalb rund um das Schwungtuch.
Der Lehrer wirft nun 3 bis 5 leichte Bälle (Volleybälle, Softbälle etc.) auf das Schwungtuch. Alle am Schwungtuch stehenden Schüler mit der Nummer 1 versuchen nun, die Bälle mit viel Schwung vom Tuch hoch- und runterzuschleudern, sodass der Ball auf den Boden fällt. Gelingt das, erhalten sie einen Punkt. Die Schüler mit der Nummer 2 versuchen die Bälle zu fangen, damit sie nicht auf den Boden fallen.
Nach ca. 2 Minuten wird gewechselt, die Mannschaft 2 geht nun an das Schwungtuch und die Mannschaft 1 versucht die geschleuderten Bälle zu fangen *(siehe Abb. 82)*.
Welche Mannschaft hat nach 2 Minuten die meisten Punkte erzielt?

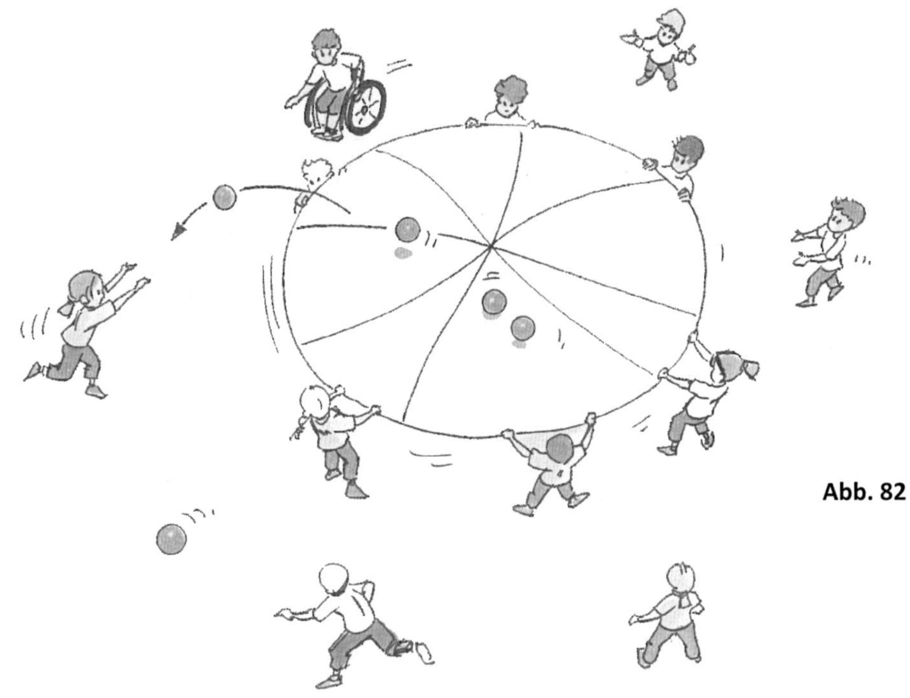

Abb. 82

♿ Der Rollstuhlfahrer kann versuchen, die Bälle zu fangen.

👁 Das sehbehinderte Kind kann ausschließlich am Tuch mitarbeiten.

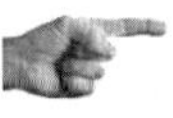

> *Gefangene Bälle und auf den Boden gefallene Bälle werden sofort wieder auf das Schwungtuch geworfen.*

KOHL VERLAG Inklusion im Sportunterricht Anspruch und Möglichkeiten – Bestell-Nr. 11 308